KB064916

제주발전연구원 제주학총서 17

金萬德의 實踐的
삶과 濟民 精神 硏究

李貞和 著

이 책의 출판비 일부는 제주발전연구원 제주학연구센터의 지원을 받았습니다.

보고사

국가 표준영정 제82호

(2010년 7월 21일 지정)

이 책을 내면서

　김만덕(金萬德) 선생님의 영전에 이 책을 바칩니다. 김만덕 선생님은 거상(巨商)이기에 앞서 의인(義人)의 자질을 지닌 분이셨으니, 의인의 자질이란 오랜 세월토록 제주도에 삶의 뿌리를 둔 선현(先賢)들이 견지하셨던 강인한 기상이었습니다. 한번은 승용차의 내비게이션에 의지한 채, 제주도에 자리한 고려시대 항몽(抗蒙) 유적지를 찾아간 적이 있었습니다. 그 날은 안개가 짙게 끼어서 도로가 전혀 보이지 않았는데, 이러한 순간을 체험한 날에는 암울한 그 시대를 사셨던 김통정(金通精) 장군님과 호국선열님들의 눈물이 떠올랐습니다. 또한, 제주 4·3 평화공원의 위령제단 아래에 서 있었을 때 귓가를 스친 까마귀 울음소리는 무참하게 희생된 영령님들의 억울함을 대변해주는 것 같았습니다.

　이 밖에도 제주도는 일제강점기 때 투쟁하신 수많은 해녀(海女) 선생님, 감옥에서 순국하신 조봉호(趙鳳鎬) 선생님, 독립운동가이신 남강(南岡) 이승훈(李承薰) 선생님과 애국지사이신 귤암(橘巖) 이기온(李基瑥) 선생님의 회한이 서린 곳으로 다가왔습니다. 뿐만 아니라, 6·25 한국전쟁이 발발했을 당시, 중·고등학생 신분인 학도병의 몸으로 산화하신 영령님들을 좁은 길가의 충혼탑에서 우러르게 되

5

는 곳이 제주도이기도 합니다.

이처럼 뼈아픈 역사의 상흔을 헤아리게 되면, 제주도는 관광객들이 희희낙락하는 장소이기 전에 엄숙하고도 경건한 역사 체험의 공간이라는 사실을 절감하게 됩니다. 그래서 저는 대학생들에게 수시로 들려주는 말이 있으니, 그것은 신혼 여행지로 각광을 받고 있는 제주도로 여행을 가게 되면 놀다 오지만 말고 이러한 역사의 깊이를 꼭 체험하라는 당부의 메시지입니다.

김만덕 선생님 당시의 여성들, 특히 출륙 금지령까지 내려진 섬 안에서 갇혀 살다시피 하였던 제주 여성의 삶은 매우 열악한 환경이었으리라 짐작됩니다. 김만덕 선생님께서 부모님을 여읜 때는 10대 초반 밖에 되지 않았으니, 인생살이 또한 매우 험난할 수밖에 없었습니다. 갈 곳이 없었던 김만덕 선생님은 기녀에게 몸을 의탁하여 살아가시다가 결국에는 기녀의 길로 접어들게 됩니다. 양가의 따님이었던 선생님께서는 끊임없이 관아(官衙)를 찾아가 원래의 신분으로 회복시켜 줄 것을 호소한 결과, 기녀의 신분에서 벗어납니다. 이러한 점은 기녀의 삶에 안주하여 호의호식하는 여타의 기녀들과는 대조적인데, 김만덕 선생님의 강인한 기상에서 우러난 것이라고 여겨집니다.

김만덕 선생님은 일시적인 영화로움이나 안락함을 바란 것이 아니라, 영원히 참다운 사람으로 사시기를 바랐던 것입니다. 자신의 능력을 십분 활용함으로써 진취적이며 적극적으로 스스로의 삶을 개척하신 김만덕 선생님의 모습은 자아의 실현을 중시하는 현대 여성의 진취적 면모와도 다르지 않았습니다. 이러한 점에서 보면, 김

6

만덕 선생님의 정신은 오늘날에도 여전히 유효하며 본받을 가치가 있을 뿐만 아니라, 험난한 세상을 살아가는 모든 사람들에게 살아갈 수 있는 희망을 제시하고 그러한 희망을 실현시킬 원동력으로 작용할 수 있습니다. 기근이 들어 굶어죽는 사람들을 살리기 위해 애써 모은 재물을 흔쾌히 희사(喜捨)하는 마음은 제민정신(濟民精神)에 깃든 휴머니즘의 핵심이라고 할 수 있습니다. 이러한 선행은 김만덕 선생님이 일찍이 대장부들도 선뜻 실천하기 어려운 대인(大人)의 풍모를 지니셨기 때문에 가능한 것입니다.

제민정신을 몸소 실천하신 김만덕 선생님의 거룩한 삶에 대해 공부하는 동안 저는 어느덧 나이 50에 접어들게 되었습니다. 공자(孔子)께서 말씀하신 천명(天命)을 아는 나이가 되었는데, 김만덕 선생님께서는 저에게 천명이 무엇인지 일깨워주셨습니다. 지난날의 과오를 참회하는 것이 저에게 주어진 천명임을 깨달았으니, 김만덕 선생님께 머리 숙여 감사드릴 따름입니다. 지난 50여 년을 돌이켜 보면 저는 결코 마음이 너그럽거나 부드러운 사람이 아니었으니, 심지어 매우 소심하기까지 하여 걱정거리가 생기면 며칠 밤을 지새우며 살았던 세월이 매우 길었습니다.

하루, 한 달, 한 해가 지날수록 '인생'이라는 옷감에는 무늬가 점점 더 생겨났습니다. '인생'이라는 옷감에 생긴 무늬들은 딸, 손녀, 며느리, 아내, 어머니, 이모, 언니, 조카, 스승, 제자로 살아가야 하는 저의 사명이었습니다. 사명 하나하나를 참다운 마음으로 행한 적이 몇 번이나 있었는지에 대해 돌이킬수록 점점 더 부끄러움이 밀려옵니다. 그 사명 하나하나는 하늘이 저에게 내리신 선물과도 같은 것임을 알게 되었습니다. 참다운 사람으로 살아갈 수 있도록 가르침을 주신 김만덕 선생님의 진심을 간직하며 살겠습니다.

이 책을 간행할 수 있도록 도움을 주신 강기춘 제주발전연구원장님, 문순덕 제주학연구센터장님, 제주발전연구원 제위(諸位)께 심심한 사의를 표합니다. 아울러, 김만덕 선생님 관련 자료를 보내주시고 유물 사진 자료를 제공해주신 김성명 국립제주박물관장님, 고두심 사단법인 김만덕기념사업회 상임대표님, 국립제주박물관 및 사단법인 김만덕기념사업회 제위(諸位)께 거듭 감사드립니다. 그리고 표지제자(表紙題字)를 공들여 써주신 원종석 선생님, 출판을 허락하신 김홍국 도서출판 보고사 사장님께 감사의 마음을 전합니다.

을미년 중양절
소백산 자락에서
李貞和 謹識

8

차 례

제3부 한국 여성의 미래, 김만덕

제 1 부

김만덕 연구의 목표

1
김만덕 연구의 현황

    지금까지 김만덕에 대한 연구는 국문학 분야, 한문학 분야, 비교문학 분야, 여성학 분야, 경영학 분야, 문화콘텐츠 분야 등에서 다양한 측면으로 고찰되어왔다. 국문학 분야 및 한문학 분야에서는 김만덕의 정체성을 조명한 학자들이 연구의 주류를 이루고 있으며, 비교문학 분야에서는 김만덕과 영어권 인물을 연구 대상으로 삼고 있다는 점이 특징적이다. 또한 여성학 분야에서는 김만덕의 여성성에 주목해 논지를 전개하고 있으며, 경영학 분야에서는 부(富)의 축적과 연결된 김만덕의 성공에 초점을 두고 있다. 최근의 연구 경향으로 김만덕 스토리를 문화 자원으로 활용하는 방안도 다양하게 논의하고 있으니, 문화콘텐츠 분야에서 발표한 논저(論著)들에서 이러한 사실을 확인할 수 있다. 각 분야별로 논의의 핵심을 간추리면 다음과 같다.

1) 정체성에 대한 연구

　김만덕의 정체성에 대해 최초로 논의한 학자는 번암(樊巖) 채제공
(蔡濟恭)이다. 그는 「원춘고한행(元春苦寒行)」에서 "여협", 즉 의협심이
있는 걸출한 여성이라고 칭예(稱譽)하였다. 또한, 채제공은 78세에
「만덕전(萬德傳)」을 지어 새로운 여인상을 보여준 인물로 김만덕을 소
개하며 그의 행적과 미덕을 널리 현창(顯彰)하였다.

　이신복은 채제공의 「만덕전(萬德傳)」에 대해 집중적으로 논의한
바, 이를 통해 채제공의 입전 의식을 고찰하였다. 「만덕전(萬德傳)」
은 운명을 개척해나가는 의지의 여인, 남을 위하여 가진 것을 아끼
지 않는 사랑의 여인, 풍류와 낭만을 즐길 줄 아는 멋의 여인이 복
합된 새로운 여성상[1]으로 김만덕을 조명한 작품이기 때문에 기존
의 전(傳) 장르에서 내재된 입전 의식과는 차이가 있음을 보여주었다.

　김만덕의 삶을 조명하는 가운데 그의 삶 속에 배어 있는 정신적
가치를 발굴하여 현대적으로 재평가해야 할 것을 주장한 변종헌은
김만덕의 삶을 연구하는 까닭은 바로 역사적 인물의 삶과 행적을
통해 현재를 사는 우리의 좌표와 방향을 설정[2]하는 데 도움을 받을
수 있기 때문이라고 언급하였다. 또한, 변종헌은 김만덕에 대한 총
체적인 이해를 도모하기 위해서는 조선 후기의 시대 상황에 대한

---

1) 이신복, 「蔡濟恭의 萬德傳 研究」, 『한문학논집』 12집, 근역한문학회, 1994,
　648~649쪽.
2) 변종헌, 「김만덕의 삶을 통해 본 정신적 가치의 탐색』, 『김만덕 자료총서 I 』, 도서
　출판 각, 2007, 402쪽.

충분한 이해, 그리고 김만덕의 삶을 감싸고 있었던 다양한 변수와 맥락3)까지 고려해야 한다고 설명하였다.

조도현은 채제공의 「만덕전(萬德傳)」에 서술된 김만덕의 삶은 허구성을 바탕으로 한 소설보다도 더욱 극적인 조선 시대 여성의 삶을 극명하게 보인 것으로 파악하였다. 아울러, 조도현은 김만덕으로 인해 조선 후기 근대적 여성상을 발견할 수 있을 만큼 사대부가(士大夫家) 여성조차 이룰 수 없었던 사회적 성취를 이룬 점에 주목하였을 뿐만 아니라, 도전과 개척의 적극적 여성상, 경제 활동과 부의 축적, 자선과 나눔의 봉사 정신을 통해 한국의 역사적 여성 인물에서 하나의 새로운 패러다임4)을 보인 점을 근거로 그 정체성을 탐색하였다.

부영근은 사대부가(士大夫家)의 여성이나 일반 여성들과 구별되는 독특한 인물 형상으로서의 만덕(萬德) 이미지는 지금도 생성5) 중임을 강조하고, 「만덕전(萬德傳)」 관련 한시가 지닌 지역 문학적 가치에 대해 고찰하였다. 특히, 이가환(李家煥)의 한시 창작 경향에 주목하여 조선 후기에 나라 전체를 혼란으로 몰고 가고 백성의 삶을 도탄에 빠트린 위정자들에게 경종을 울리기에 매우 적당한 소재가 바로 변방 여인의 기이한 행적이라는 점6)에 논의의 초점을 두었다.

---

3) 변종헌, 「김만덕의 삶을 통해 본 정신적 가치의 탐색」, 『김만덕 자료총서 I』, 도서출판 각, 2007, 426쪽.

4) 조도현, 「〈萬德傳〉에 나타난 여성성의 의미 탐색」, 『김만덕 자료총서 III』, 도서출판 아트21, 2013, 111~112쪽.

5) 부영근, 「〈萬德傳〉과 관련 한시가 지닌 지역문학적 가치」, 『영주어문』 제18집, 2009, 39쪽.

6) 부영근, 「〈萬德傳〉과 관련 한시가 지닌 지역문학적 가치」, 『영주어문』 제18집, 2009, 51쪽.

김준형은 '만덕 이야기'의 전승 의미[7]에 대해 언급하였는데, 채제공은 지배 이념을 강화시키기 위해, 심노숭은 당시 지배층을 풍자하기 위해 '만덕 이야기'를 썼으며, 이후 시간이 지날수록 그러한 목적의식이 점차 사라졌으며 다만 기이한 행위를 한 여인의 이야기가 전승되었다는 점에 대해 논의한 바 있다.

실전 인물인 김만덕의 문학화 과정에 대해 고찰한 현승환은 김태능을 위시한 작가들이 쓴 김만덕의 전기류(傳記類) 가운데, 부모 사망, 형제 이별, 외모, 기녀 입적(入籍)과 삭제, 기녀시절, 기적에서 벗어나려는 뜻, 위기 극복, 어떻게 양인이 되었는가, 객주, 돈을 벌게 된 계기, 구휼의 뜻, 아사자 구휼전설, 의녀 벼슬을 받게 된 이유, 임금이 잡아준 손목을 다룬 대목을 작품별로 비교한 것[8]이 특징적이다. 현승환은 실학(實學)이 팽배한 당대(當代)의 사회배경 하에서 적극적으로 자신의 어려움을 극복해간 김만덕은 제주도민을 구하는 박애(博愛) 정신(精神)[9]을 몸소 실천한 인물로 평가해야 함을 강조하였다.

김만덕을 여류 자선가[10]로 파악한 윤치부는 '만덕 이야기'의 전승 양상과 이와 관련된 저술의 사적(史的) 전개과정을 검토하였다. 윤치

---

7) 김준형, 「〈萬德 이야기〉의 전승과 의미」, 『제주도연구』 제17집, 2000, 21~23쪽.

8) 현승환, 「실존인물 김만덕의 문학화 과정」, 『김만덕 자료총서Ⅰ』, 도서출판 각, 2007, 387~399쪽.

9) 현승환, 「실존인물 김만덕의 문학화 과정」, 『김만덕 자료총서Ⅰ』, 도서출판 각, 2007, 386쪽.

10) 윤치부, 「만덕 이야기의 전승과 연구의 사적 전개」, 『김만덕 자료총서Ⅰ』, 도서출판 각, 2007, 322쪽.

부는 그의 논문에서 '만덕 이야기'가 인물전을 통해서 작품화되었음을 입증하였을 뿐만 아니라, 김만덕이 생존했던 시대부터 현재에 이르기까지 '만덕 이야기'는 사실적 기록으로 기사화[11]되었음을 보여주었다.

2) 문화콘텐츠 활용 방안에 대한 연구

학계에서 일찍이 문화콘텐츠 개발에 대한 연구를 시작하게 된 것은 정창권을 필두로 이루어졌다. 정창권은 오늘날 자본주의 시대를 살아가는 모든 사람들의 한 역할 모델이자 제주가 갖고 있는 중요한 역사적 콘텐츠의 한 자원이기도 한 김만덕을 현대화하고 대중화하기 위한 문화콘텐츠의 개발은 제주가 기존 관광 도시로서의 면모와 함께 역사·문화 도시로서의 새로운 면모[12]를 갖추어 나가기 위해 필요한 것임을 강조하였다. 정창권의 논문은 김만덕을 콘텐츠로 개발함으로써 획득할 수 있는 제주의 이미지 상승 효과 및 경제적 효과[13] 등에 대해 논의한 점이 특징적이다. 또한, 정창권은 노블레스 오블리주를 실천한 조선 최초의 여성사업가이자 자선사업가인

---

11) 윤치부, 「만덕 이야기의 전승과 연구의 사적 전개」, 『김만덕 자료총서 I』, 도서출판 각, 2007, 324~360쪽.
12) 정창권, 「김만덕 콘텐츠 개발과 제주 경제의 활성화 방안」, 『김만덕 자료총서 I』, 도서출판 각, 2007, 451쪽.
13) 정창권, 「김만덕 콘텐츠 개발과 제주 경제의 활성화 방안」, 『김만덕 자료총서 I』, 도서출판 각, 2007, 463쪽.

김만덕을 현대적으로 재조명하고 널리 알리기 위해서 콘텐츠를 개발[14]해야 함을 주장하였다. 정창권은 그의 논문에서 제주의 대표적 역사 인물인 김만덕과 관련된 출판이나 학습만화, 드라마, 뮤지컬, 전시/축제, 여행 같은 여러 가지 문화콘텐츠와 연계해서 관광상품을 개발한다면 경제적 가치 뿐 아니라 지역 이미지의 제고라는 '일석이조(一石二鳥)'의 효과[15]를 얻을 수 있다고 언급하였다.

이창훈은 김만덕 스토리텔링의 활성화 방안에 대해 고찰하였는데, 특히 자본주의가 공고화된 현대에 이르러 거상(商人) 김만덕의 모습이 강화된 점[16]에 주목하고, 김만덕을 스토리텔링하기 위해 '만덕 이야기'의 뼈대를 강화시킬 필요가 있다고 주장하였다. 이창훈의 논문에서는 역사 속의 김만덕, 당(當) 시대 제주 속의 김만덕, 18세기 전반이라는 시대 상황 속의 김만덕, 인간 김만덕을 보다 치밀하게 재현하는 데 중점을 두어야 한다는 것이 논지의 핵심이다.

안숙현은 21세기 주요 키워드인 '경제'와 관련되어 있는 '거상(巨商)' 스토리가 새로운 관심거리로 떠오르는 현실에 주목하고 소득 불평등이 심화되는 신자유주의 시대에 '거상(巨商)' 스토리[17]는 인간성 회복과 도덕적 교훈을 동시에 만족시켜줄 수 있는 콘텐츠에

---

14) 정창권, 「고전의 현대적 수용 – 김만덕 콘텐츠 개발과 활성화 사례를 중심으로」, 『김만덕 자료총서Ⅲ』, 도서출판 아트21, 2013, 237쪽.

15) 정창권, 「고전의 현대적 수용 – 김만덕 콘텐츠 개발과 활성화 사례를 중심으로」, 『김만덕 자료총서Ⅲ』, 도서출판 아트21, 2013, 246쪽.

16) 이창훈, 「김만덕의 스토리텔링의 양상과 과제」, 『김만덕 자료총서Ⅲ』, 도서출판 아트21, 2013, 227쪽.

17) 안숙현, 「TV 사극에서 '巨商' 콘텐츠의 영웅 스토리텔링 개발방안」, 『김만덕 자료총서Ⅲ』, 도서출판 아트21, 2013, 252쪽.

해당한다고 보았다. 안숙현은 교훈 메시지를 다양하게 입체적으로 전달하기 위해서 21세기 TV 드라마 콘텐츠의 놀이성[18]을 살려 역동적인 극행동을 보여줄 필요가 있다고 주장하였다.

3) 부의 축적 및 성공 요인에 대한 연구

송병식은 재난(災難)으로 기아에 허덕이는 제주 백성을 위해 모든 재산을 아낌없이 사회에 환원하는 구호사업을 실천했던 자선사업가[19] 김만덕의 면모를 주목하였는데, 김만덕은 상거래의 도(道)의 모범을 보여준 인본주의자로 봉건적 신분의 굴레에 도전한 우리나라 최초로 여성 기업가의 모범을 보인 사례[20]에 해당하는 인물로 규명하였다. 또한, 변화하는 시류를 읽었던 김만덕은 자신이 인생의 주체가 되는 길을 선택하여 과감한 투자를 결행함으로써 통찰력을 발휘한 사실뿐만 아니라, 혁신과 모험을 통한 기업가정신, 도전과 개척정신과 창업가적 기질, 창의성과 혁신적인 사고, 박리다매, 정직매매, 신용본위의 원칙, 윤리경영, 신뢰경영, 기부정신은 우리

---

18) 안숙현, 「TV 사극에서 '巨商' 콘텐츠의 영웅 스토리텔링 개발방안」, 『김만덕 자료총서Ⅲ』, 도서출판 아트21, 2013, 273쪽.

19) 송병식, 「濟州巨商 金萬德에 관한 研究」, 『김만덕 자료총서Ⅲ』, 도서출판 아트21, 2013, 139쪽.

20) 송병식, 「濟州巨商 金萬德에 관한 研究」, 『김만덕 자료총서Ⅲ』, 도서출판 아트21, 2013, 149쪽.

의 정신적 지주[21]로 삼아 계승 발전시켜야 할 인물로 규명하였다.

양성국·김봉현은 김만덕을 성공한 기업인, 상도를 실천한 경제인, 전 재산을 사회에 환원한 지역지도자, 자유인[22]으로 살았던 여성으로 규명하였다. 양성국·김봉현의 논문에서는 김만덕이 보여준 기업가 정신을 인성적 특성, 가치 및 신념, 능력, 행동적 특성 등을 분석하였는데, 기존의 제주 상인들과는 달리 사업의 장기적 발전 가능성을 중시하여 신용 본위 원칙을 준수하고 평소의 대인 관계 능력, 마케팅 측면에서의 사업 수완[23]을 보인 점에 주목하였다.

한승철은 조선 후기 대표적인 여성 유통 물류인이었던 김만덕이 유통 비즈니스 모델[24]을 구축했기 때문에 거상(巨商)으로 성공할 수 있었다고 주장하였다. 특히 한승철의 경우, 김만덕 비즈니스의 성공 요인을 주체, 환경, 자원, 메커니즘으로 세분(細分)하여 논지를 전개하였다.

---

21) 송병식, 「濟州巨商 金萬德에 관한 研究」, 『김만덕 자료총서Ⅲ』, 도서출판 아트21, 2013, 158쪽.

22) 양성국·김봉현, 「김만덕의 기업가정신에 대한 연구」, 『김만덕 자료총서Ⅲ』, 도서출판 아트21, 2013, 161쪽.

23) 양성국·김봉현, 「김만덕의 기업가정신에 대한 연구」, 『김만덕 자료총서Ⅲ』, 도서출판 아트21, 2013, 185쪽.

24) 한승철, 「제주 여성 유통물류인으로서의 김만덕의 성공요인 탐구」, 『제주발전연구』 제18호, 제주발전연구원, 2014, 참조.

4) 사회 환경에 대한 연구

인물의 생애를 그 시대와 사회의 산물로 이해해야 한다고 주장한 박찬식은 조선 후기 제주 사회의 여러 모습 가운데 김만덕의 출신과 활동의 특징적인 면과 관련된 시대상[25]을 살피는 것이 중요하다고 파악하고, 기생제도와 신분제, 제주의 상업, 대기근과 진휼제도, 출륙금지령[26]으로 나누어 김만덕의 생애와 시대사를 조명한 바 있다.

김만덕 시대의 사회상을 고찰한 진관훈은 생존에 급급하여 타의 여지가 없어보였던 조선 시대 제주 사회에 면면히 내재되어 있던 제주인의 이념과 삶의 기상이 김만덕의 자발적인 구휼[27]에 의한 사회적 공헌으로 표출되었음을 입증하였다.

김경애의 경우, 현대 사회에서 김만덕의 삶이 지니는 가치의 중요성을 탐색한 연구물을 발표한 바 있으니, 현대 사회는 전통 사회 여성들이 가정 내에서 행했던 역할이 대폭 축소되면서 여성들도 가정이라는 경계를 벗어나 주체적인 삶을 살고자하는 열망이 커졌다는 것에 논의의 초점을 두고 있다. 물론 김경애의 논문은 남편에게 자신을 의탁하고 의존적으로 살기 보다는 독립적인 생활[28]을 선택함으로써 적극적인 삶의

---

25) 박찬식, 「김만덕과 조선 후기 제주 사회」, 『김만덕 자료총서 I』, 도서출판 각, 2007, 212쪽.
26) 박찬식, 「김만덕과 조선 후기 제주 사회」, 『김만덕 자료총서 I』, 도서출판 각, 2007, 213~230쪽.
27) 진관훈, 「18 · 9세기 제주 사회의 진휼과 김만덕의 사회적 공헌」, 『김만덕 자료총서 I』, 도서출판 각, 2007, 260~262쪽.
28) 김경애, 「현대 사회에서의 김만덕 삶의 의미」, 『김만덕 자료총서Ⅲ』, 도서출판 아트

모습을 보여준 김만덕의 삶 자체가 여성에게 부과된 한계를 뛰어 넘으려는 현 시대의 여성들에게 용기[29]를 준다는 점을 전제로 하고 있다.

5) 여성성에 대한 연구

김만덕의 여성성에 대해 연구하는 것은 곧 역사 속에서 다양한 역할을 실행해서 업적을 남기거나 사회에 공헌한 여성을 발굴하여 여성들의 귀감(龜鑑)으로 삼기 위한 일환임을 명시한 사례로는 김경애의 논문을 들 수 있다. 김경애에 의하면, 여성들이 자신을 옥죄었던 가족, 시대와 불화하거나 등을 돌리지 않고 현명하게 새로운 영역을 개척하면서 시대의 한계를 뛰어넘어 진정한 승리자의 삶을 살았던 김만덕은 우리나라 여성들의 귀감[30]이라 할 수 있다.

김은석은 가부장적 권위와 불평등한 사회구조 속에서 여성이 존재 이유를 몸으로 실천한 김만덕의 삶에 주목하고, 김만덕은 주체의식을 갖고 천명의 인류애를 주창한 선각자이며, 모든 사람들이 서로 도우며 더불어 살기를 희망했던 위대한 여성[31]으로 파악하였

21, 2013, 283~287쪽.

29) 김경애, 「현대 사회에서의 김만덕 삶의 의미」, 『김만덕 자료총서Ⅲ』, 도서출판 아트21, 2013, 295쪽.

30) 김경애, 「김만덕 삶에 대한 여성주의적 재해석」, 『김만덕 자료총서Ⅰ』, 도서출판 각, 2007, 320쪽.

31) 김은석, 「김만덕 기념사업의 정책 제언」, 『김만덕 자료총서Ⅰ』, 도서출판 각, 2007, 435쪽.

다. 김은석의 경우, 특히 여성에게 주어진 한정된 역할을 뛰어넘어 새로운 시대의 변화를 읽어내는 안목을 가지고 새로운 삶을 개척해 나갔다는 점에서 김만덕이야말로 오늘날 시대를 뛰어 넘어 우리를 감동[32]시키고 있음에 주목하고 있다.

6) 기념사업 추진 방안에 대한 연구

일반 국민들에게 여전히 생소한 역사 인물로 자리한 김만덕을 널리 알리는 작업이 필요하다고 여긴 김경애는 일반 국민들 사이에서 역사 인물 김만덕에 대한 공감대를 형성[33]하는 것이 중요하다고 인식하였다. 김경애의 논문 「김만덕 기념사업회의 활동 방향」에서 제시한 공감대 형성의 방법으로는 제주도가 주축이 되어 관광객에게 김만덕의 업적을 홍보할 것, 김만덕 관련 관광 코스를 학생들의 수학여행 코스로 채택할 것, 전국적 규모의 김만덕 축제를 열 것[34] 등이 있다.

김은석의 논문 「김만덕 기념사업의 정책 제언」에서는 제주 전통

---

32) 김은석, 「김만덕 기념사업의 정책 제언」, 『김만덕 자료총서 I』, 도서출판 각, 2007, 437쪽.

33) 김경애, 「김만덕 기념활동사업회의 활동 방향」, 『김만덕 자료총서 I』, 도서출판 각, 2007, 429쪽.

34) 김경애, 「김만덕 기념활동사업회의 활동 방향」, 『김만덕 자료총서 I』, 도서출판 각, 2007, 430~433쪽.

문화의 위기, 제주인의 정체성 상실을 우려 하에 시민들에게 김만덕 정신을 기억하게 함으로써 제주인의 통합과 자기 정체성을 확인할 수 있게 되어 김만덕을 우리 시대의 표상으로 삼으려는 노력이 가시화되었음[35]을 입증하였다. 김은석의 경우, 김만덕의 정체성을 자선가라는 차원에 한정해서는 안 된다고 보았으며, 김만덕의 정신을 계승한 진취적이며 역동적인 한국 여성을 발굴하기 위해서는 만덕상 대상의 범위를 전국으로 확대할 것, 김만덕 축제를 개최할 것 등과 같은 정책[36]을 제시하였다.

문순덕·박찬식의 연구보고서 『추모 200주기 기념 김만덕 재조명』에서는 제주문화와 역사의 코드, 문화산업의 소재가 될 수 있는 김만덕 정신을 문화콘텐츠로 적용하는 것이 해결해야 할 과제임을 명시하였으며, 스토리텔링을 중심으로 김만덕을 현양하는 사업은 사료에 근거해서 사실을 제시한 다음 후손들이 본받고 계승해야 할 점을 부각하는 것[37]이 핵심임을 강조하였다.

이 연구보고서에서는 '만덕 이야기'가 현 시점에 맞추어 각색이 가능하다는 점에 주목하고, 김만덕 정신을 개척 정신과 나눔 정신으로 분류할 것을 제안하였을 뿐만 아니라 김만덕 정신을 파급시키는 교육과정 운영[38]이 필요함을 주장하였다. 중요한 것은 김만덕의

---

35) 김은석, 「김만덕 기념사업의 정책 제언」, 『김만덕 자료총서 I』, 도서출판 각, 2007, 434~435쪽.
36) 김은석, 「김만덕 기념사업의 정책 제언」, 『김만덕 자료총서 I』, 도서출판 각, 2007, 442쪽.
37) 문순덕·박찬식, 『추모 200주기 기념 김만덕 재조명』, 제주발전연구원, 2010, 71쪽.
38) 문순덕·박찬식, 『추모 200주기 기념 김만덕 재조명』, 제주발전연구원, 2010, 73쪽.

위상이 정립되어 김만덕 문화로 발전하면 이때부터 역사적 사실과 허구의 구분은 의미가 없다[39]는 점이다.

위와 같이, 김만덕 관련 자료를 연구 대상으로 한 논저(論著)들에서 확인할 수 있는 그간의 연구 성향을 일별해 보았다. 이 밖에도 김만덕 연구에 대한 비교문학적인 접근을 시도한 것으로 손달례의 논문이 있다. 손달례는 17세기 영국 여성인 몰 플란더즈와 조선의 김만덕에 대한 비교 연구를 통해 이 두 여성은 여성의 운명을 잘 극복함으로써 존경받는 인물로 후대에까지 명성을 남겼다는 공통점이 있음을 입증하였으며, 특히 자신의 삶을 아름다운 귀결로 이끌었던 김만덕의 탁월함은 노력에 의해 모은 재산을 전부 어려운 이웃을 위해 흔쾌히 바친 큰 인물[40]이었기 때문에 가능한 것으로 파악하였다.

지금까지 김만덕과 관련하여 학계에서 논의가 꾸준히 집적(集積)되어 온 내용들을 항목별로 검토하였다. 김만덕 연구의 좌표는 지난 역사 속의 인물 김만덕의 삶과 정신이 위치하는 지점에 있지 않다. 다시 말하면, 김만덕 연구의 목표는 이 시대를 살아가는 사람들에게 참다운 인간의 본질을 깨닫게 함으로써 바른 인성 교육의 가치를 확립하자는 데에 있다. 그 이유는 김만덕의 삶과 정신을 통해 참다운 인간의 의미를 깊이 각성한 사람들이 점차 많아질수록 우리가 사는 세상도 점점 바람직한 시민 사회로 발전하리라 기대하기 때문이다.

---

39) 문순덕·박찬식, 『추모 200주기 기념 김만덕 재조명』, 제주발전연구원, 2010, 72쪽.
40) 손달례, 「아름다운 삶의 여정 – 몰 플란더즈와 김만덕을 중심으로」, 『김만덕 자료총서Ⅲ』, 도서출판 아트21, 2013, 132~133쪽.

2
연구의 기본 방향

　김만덕은 조선 시대 변방의 여인으로 태어나 범상한 사람으로서는 감당할 수 없는 온갖 사회적 장벽을 극복한 입지전적 인물이다. 가부장적 유교 문화가 지배적인 사회에서 막대한 부를 축적할 수 있었던 것과, 적극적으로 나눔과 베풂을 실천할 수 있었던 것은 강인한 정신력이 이룬 결실이라 할 수 있다. 지금까지 김만덕 관련 논저(論著)들을 심층적으로 점검해보고, 그의 삶과 정신의 본질이 무엇인지를 총체적으로 탐색함으로써 21세기 한국의 미래를 개척해나갈 새로운 여성상을 정립하는 것을 이 연구의 목적으로 둔다. 이 연구는 「만덕전(萬德傳)」[41], 『정조실록(正祖實錄)』[42], 『승정원일기(承政院日記)』[43], 『일성록(日省錄)』[44]을 위시한 기록물(記錄物)과, 김

---

41) 「萬德傳」은 『樊巖集』에 입록되어 있다.

42) 정조 19년(1795) 5월 11일조, 정조 20년(1796) 11월 25일조의 기록이 해당된다(민족문화추진회, 『正祖實錄』 22, 민족문화추진회, 1993).

43) 승정원 편, 『承政院日記』 93, 국사편찬위원회, 1961.

44) 서울대 규장각, 『日省錄』 23~24, 서울대 규장각, 1990.

만덕을 시제(詩題)로 한 한시(漢詩) 작품(作品)들을 주요 텍스트로 삼고 있으나, 20세기 이후에 발표된 김만덕 관련 작품들도 논의의 대상에 적극적으로 포함시켰음을 밝혀둔다. 이 연구에서 논의하고자 하는 핵심 내용은 다음과 같이 짜여 있다.

제1부 김만덕 연구의 목표
    1. 김만덕 연구의 현황
    2. 연구의 기본 방향

제2부 실천적 삶과 제민 정신
    1. 김만덕의 생애와 그 단계성
        1) 시대적 특성
        2) 유년기(幼年期)의 성장(成長)
        3) 젊은 시절의 도약(跳躍)
        4) 모경(暮景)의 사명(使命)
    2. 실천적 삶과 제민 정신의 가치
        1) 문헌을 통해 본 김만덕의 실천적 삶
        2) 제민 정신에 투영된 인문학적 가치

제3부 한국 여성의 미래, 김만덕
    1. 김만덕의 한국여성사적 위상
        1) 현대 김만덕 전기류(傳記類) 출간의 의미
            (1) 가문의 계보와 가족 관계 고증
            (2) 제주 여성의 정체성 부각
            (3) 여성 사업가의 위상 정립

우선 제1부의 1장은 이 저서의 제명인『김만덕의 실천적 삶과 제민 정신』집필의 대전제가 되는 내용이다. 다시 말하면, 1장의 목적은 그간 학계의 연구 현황 및 연구 방향을 다루는 것으로, 예비적 고찰에 해당한다. 신분의 변화를 겪으며 굴곡진 인생을 살았던 김만덕의 생애는 시기별로 삶의 편차가 매우 크기 때문에, 제1부의 2장에서는 그의 생애를 삼분하여 김만덕 인생의 단계성에 대해 논의할 것이다.

제2부의 1장은 김만덕에 대해 연구하는 일이 왜 중요한가, 궁극적인 목적과 의의가 무엇인가 하는 근본적인 문제에서 시작한다. 또한 김만덕의 삶과 정신에 대한 다양한 논의들 속에서 그의 삶과 정신의 본질이 어떻게 규명되고 있는가를 검토한 결과, 모든 논의의 쟁점을 초월해 존재하는 공감의 요소, 감동의 요소를 추출해야 할 시점에 이르렀다는 사실이 제2부의 2장을 집필함에 있어 당연한

전제로 작용하였다. 본 연구자는 물론 이러한 요소들이 인문학적 가치와도 무관하지 않다고 판단하였다.

제3부의 1장에서는 김만덕의 지닌 가치를 새롭게 조명해야 하는 이유를 밝힐 것이다. 김만덕을 인식하는 관점과 태도는 역사 인물로써 자리하는 김만덕의 사적 가치 평가에 못지않게 김만덕 관련 문화가 창출할 수 있는 미래에 대한 전망을 담아야 한다는 판단 하에, 제3부의 2장에서는 김만덕 관련 문화를 창출할 수 있는 새로운 시도들이 김만덕 연구에 시사하는 점을 고찰하고 그 적용 가능성을 탐색할 것이다.

김만덕은 한 여성에 머물지 않고 제주의 위대한 여성으로 자리매김하고 있으나, 향후 한국의 대표 인물로 정립하기 위하여 제주도가 주도적으로 관리해야 하며, 지속적인 연구와 논의가 이루어지도록 누구나 다양한 방법으로 김만덕을 재조명하는데 동참할 것[45]을 학계에서 촉구한 바 있다. 현대 여성들은 자아의식을 확고히 보유하며 개인의 행복을 추구하고자 하며 남성과도 주체적으로 관계 맺기[46]를 희망하는 경향이 있다. 그렇기 때문에 현대 여성들의 가치관을 바르게 정립하는데 있어 김만덕은 롤모델로 작용할 수 있으며, 그의 삶과 정신에서 발견할 수 있는 진정성이라든지 무수한 인문학적 가치는 현대 여성의 삶의 자세를 더욱 올곧은 방향으로 고무시키는데 활용할 수 있다.

---

45) 문순덕·박찬식, 『추모 200주기 기념 김만덕 재조명』, 제주발전연구원, 2010, 101쪽.
46) 김경애, 「현대 사회에서의 김만덕 삶의 의미」, 『김만덕 자료총서Ⅲ』, 도서출판 아트21, 2013, 285쪽.

이 연구의 기대 효과는 김만덕과 관련된 다양한 문화콘텐츠를 지속적으로 개발할 수 있는 기반을 마련할 수 있다는 점에서 찾을 수 있다. 다시 말하면, 김만덕의 실천적 삶과 제민 정신의 본질을 깊이 천착할 수 있다면 이것을 통해 국민 교육적 차원에서 문화콘텐츠의 새로운 영역을 개척할 수 있다는 뜻이기도 하다. 김만덕 연구의 핵심은 새로운 한국인의 미래상을 제시하는 데에 있다고 사료된다. 김만덕의 실천적 삶과 제민 정신에 대한 연구를 시작한 것도 이와 무관하지 않다. 향후 학계에서 지속적으로 김만덕 관련 자료를 다각도로 천착하는 연구를 진행함으로써 시공을 초월하는 김만덕의 가치관을 널리 알릴 필요가 있다고 생각한다. 김만덕 연구자들이 제각기 열과 성을 다해 김만덕 정신의 본질을 궁구한다면 분명 그 위상 또한 더욱 확고하게 정립될 것이다.

제 2 부

실천적 삶과

제민 정신

1
김만덕의 생애와 그 단계성

1) 시대적 특성

    김만덕(金萬德, 1739~1812)은 영조(英祖, 1694~1776) 15년에 출생하여 순조(純祖, 1790~1834) 12년에 별세한 조선의 여성 CEO로 알려진 인물이다. 김만덕은 의로운 마음을 실천에 옮겼으므로 천하에 자신의 명성을 널리 떨친 바 있는데, 그의 내면에서 우러난 의로운 마음이란 것은 예로부터 선비가 행해야 할 도리(道理)로 인식되어왔다. 굶어죽는 백성을 구휼하였던 김만덕의 제민(濟民) 정신은 구국충군(救國忠君)[47]을 위해 의(義)를 실천한 선비의 마음과 동일한 것이었다. 정조(正祖, 1752~1800)의 재임 시기에 김만덕의 명성은 온 세상에 알려지게 되었다. 정조는 순정문학(純正文學)을 주장하는 등 유가(儒家)에 정통하였는데, 특히 그는 전통 유학(儒學)과 실학적(實學的) 사고(思

---

47) 李章熙, 『朝鮮時代 선비 硏究』, 박영사, 1989, 169쪽.

考)를 겸비한 군주였다.[48] 정조는 눈 내리는 밤이면 달빛에 책을 비추고 언 붓을 입김으로 녹이며 공부하는 가난한 선비나 궁핍한 유학자들을 생각하고 스스로를 일깨웠던 점[49]에서 그의 내면에는 선비의 진정성이 충만하였음을 알 수 있다.

정조는 국왕과 백성들의 간격을 좁혀서 요순(堯舜) 같은 성왕의 정치 이념이 백성들에게 고루 미칠 수 있게 하려고 노력하였으니, 상언과 격쟁제도[50]를 개선해 백성들의 목소리를 직접 들으려 하였다. 정조가 김만덕의 도성과 궁궐 출입을 허락한 것도 이러한 정치적 생각이 반영된 것이라 할 수 있다. 유가(儒家)에서는 수기치인(修己治人)을 기본으로 하여 수기의 단계에서 치열한 학문 연마와 인격을 닦고 나서 남을 다스리는 치인의 단계로 가는 사대부의 삶을 사는 것이 정석[51]이었는데, 이러한 방식을 철저히 지킨 군주가 바로 정조였던 것이다.

18세기를 전후한 조선 후기에 이르러 농업 생산력과 상품화폐 경제의 발전은 농민층 분화와 도시의 발달을 가져 왔으며, 이와 동시에 봉건 사회의 신분 질서가 동요[52]되기 시작한다. 백성들은 신분제의 굴레에 얽매이지 않고 자기만의 의식과 힘을 키웠으니, 이는 자신들이 단순한 통치의 대상이나 부림을 받기만 하는 존재가 아니

---

48) 李貞和, 『柳成龍先生 詩文學 硏究』, 아세아문화사, 2007, 243쪽.

49) 정옥자, 『조선후기 역사의 이해』, 일지사, 1993, 130쪽.

50) 박현모, 「正祖의 聖王論과 지방 통치 방식」, 『정신문화연구』통권81호, 한국정신문화연구원, 2000, 144~145쪽.

51) 정옥자, 『조선후기 역사의 이해』, 일지사, 1993, 82쪽.

52) 金泳, 『朝鮮後期 漢文學의 社會的 意味』, 집문당, 1993, 307~308쪽.

라는 자각53)에서 비롯된 것이다. 김만덕이 적극적으로 여성 CEO의 삶을 펼칠 수 있었던 것도 이러한 시대적 변화에 잘 대처하였기 때문이라고 사료된다. 상품화폐경제의 발전에 따른 생산력의 증대, 봉건체제의 내적 모순의 격화는 상공업을 통한 신흥부자의 대두와 같은 새로운 역사 현상54)을 야기하였으니, 김만덕 또한 바로 이러한 역사 현상을 배경으로 유통 경제 활동에 전념하여 막대한 부를 축적하게 된 것이다.

18세기 중반에 이르러 조선 사회는 영명한 군주를 중심으로 강력한 왕권을 성립시켰으며, 정조는 이를 토대로 한 문치(文治)와 덕치(德治)를 중시하여 자국의 고유문화55)를 창달하기 위한 새로운 가치관과 사회규범을 정립하게 되었다. 문치(文治)와 덕치(德治)는 교육과 학문, 그리고 문화를 토대로 하여 나라를 다스리는 정치를 일컫는다. 이로써 문치와 덕치는 백성들이 다함께 화합하여 공동선을 추구하기 위한 것이며 바른 사람으로 살아가는 것이 존중받아야 하는 사유와도 깊은 연관이 있다. 다시 말하면 정조는 사람의 가치를 존중하여 백성들 모두 바른 사람으로 살아가도록 문치와 덕치를 편 군주였다. 오늘날 학교나 대기업, 그리고 공공기관 등지에서 인문학의 가치를 통해 새로운 비전을 찾기 위해 고군분투하고 있는데 이로 미루어 볼 때 200여 년 전, 이미 인문학의 가치를 중시하였던

---

53) 金泳, 『朝鮮後期 漢文學의 社會的 意味』, 집문당, 1993, 310쪽.

54) 李明學, 「漢文短篇 作家의 研究」, 『李朝後期 漢文學의 再照明』, 창작과 비평사, 1983, 262쪽.

55) 정옥자, 『조선후기 역사의 이해』, 일지사, 1993, 128쪽.

정조의 선견지명(先見之明)을 짐작할 수 있다.

18세기의 사상계에서는 경세치용(經世致用), 이용후생(利用厚生)을 강조한 학자들이 등장하여 토지제도와 같은 제도상의 개혁 및 상공업의 유통 및 생산기구, 기술혁신56)에 대한 의견을 제시하여 사회 경제적 변화가 필요함을 주장하였다. 그 당시에 정조(正祖)는 이러한 의견들을 고려하여 새로운 제도를 마련하기도 하였다. 이는 그가 매우 유연하고도 공평한 사고방식을 견지하기에 가능한 것이었다. 정조는 "하늘은 신분에 따라 사람을 내지 않는다. 본성을 어기지 않고 저마다 그릇에 어울리는 일을 해야 한다."라고 강조하며 인재를 고루 뽑았다는 점57)에서도 이러한 사고방식을 확인할 수 있다.

2) 유년기(幼年期)의 성장(成長)

「만덕전(萬德傳)」을 위시한 옛 기록물 가운데 김만덕의 생애를 다룬 부분을 살펴보면 유년기 - 장년기 - 노년기의 세 부분으로 나누어 그 편차를 확인할 수 있다. 신분의 변화를 겪으며 굴곡진 인생을 살았던 김만덕의 생애는 각 시기에 걸쳐 삶의 편차가 크기 때문에 그의 생애를 3분하여 그 진행 단계에 대해 논의하고자 한다. 김희락

---

56) 정옥자, 『조선후기 역사의 이해』, 일지사, 1993, 148~149쪽.
57) 정옥자, 『오늘이 역사다』, 현암사, 2004, 158쪽.

이 지은「교지를 받들어 만덕전을 지어 올림(奉敎製進萬德傳)」에서는 글의 모두(冒頭)에 먼저 김만덕의 고향인 제주도의 지리와 문학적 특성부터 언급하고 있다.

(1) 내가 방장산에 올라 동남쪽의 큰 바다를 굽어보니 그 가운데 대개 탐라도가 있다고 한다. 섬 지역은 땅의 영역이 800리이다. …(중략)…그 토지는 메마르고 그 백성은 오래 살며 그 지역에서는 귤, 유자가 많이 나고, 그 지역에는 좋은 말이 생산되니, 민풍과 토속은 의연하여 넓고도 큰 기상이 있다.[58]

(2) 탐라는 바다의 섬이니 영주라고도 부른다. 산에는 짐승들이 많으며 땅에는 풀이 좋아 그 백성들은 크게 번창하고 그 풍속은 남자 1명에 여인이 3명인 셈으로 여인이 많은데, 자주 항산과 태산의 풍모를 보이고 있다.[59]

옛 작가들은 한라산을 중심으로 형성된 제주의 자연과 그곳에서 생활하는 사람들의 풍속을 개괄적으로 언급하고 있다. (1)의 글에서는 탐라도의 특출한 지세에 힘입어 넓고 큰 기상을 지닌 제주의 민

---

58) 李義發, 『雲谷先生文集』 卷8, 「萬德傳」. "余登方丈山 俯瞰東南大海 其中盖有耽羅島云 島之地 地方八百里 …(中略)… 厥土磽 厥民壽 厥包橘柚 厥産騏驪 民風土俗 依然有鴻厖氣像焉"

59) 金熙洛, 『故寔』 卷4, 「奉敎製進萬德傳」. "耽羅在海島 稱瀛州 山彌畜地靈草 厥民尨榛 厥俗一南三女 往往有恒岱風"

풍과 토속이 나왔음을 보이고 있다. (2)의 글은 태산 같은 풍모를 지닌 자연물과 그 속에 깃들어 사는 사람들의 창성한 모습을 보여 줌으로써 대자연의 혜택을 향유하며 살아가는 제주도 사람들에 대해 서술하고 있다. 산세와 지세가 매우 훌륭하여 이러한 환경에서 자라난 사람들 가운데 입전의 대상인 김만덕과 같은 인재가 적지 않으리라는 생각이 내재되어 있음은 물론이다.

> 만덕의 성은 김 씨이니, 탐라에 사는 양가집 딸이었다. 어려서 어머니를 여의었으나 어디라도 가서 의지할 곳이 없어 기생의 집에 의탁하여 살았다. 조금 자라나자 관가에서 만덕의 이름을 기안(妓案)에 올렸다. 만덕이 비록 머리를 숙이고 기생 노릇을 하였으나 그 자신은 기생으로 처신하지 않았다.[60]

이 글은 채제공의 「만덕전(萬德傳)」이 시작되는 부분인데, 그 내용은 만덕의 유년기 및 젊은 시절에 대한 기록이다. 만덕의 신분이 본래부터 기생은 아니었음을 명시하고 있다는 점이 특징적이다. 다시 말하면 위의 글에서는 그를 기생으로 만든 것은 어머니를 여읜 이후에 의지할 곳이 없었기 때문이라고 밝히고 있다. 그렇기 때문에 그의 신분이 양가의 딸에서 기생으로 바뀌었다고 하더라도 몸가짐과 처신이 올곧을 수 있었음을 보여주고 있다. 다음의 글에서도

---

60) 蔡濟恭, 『樊巖集』 卷55, 「萬德傳」. "萬德者 姓金 耽羅良家女也 幼失母 無所歸依 托妓女爲生 稍長官府籍萬德妓案 萬德雖屈首妓於役 其自待不以妓也"

강직함이 남달랐던 그의 품성을 확인할 수 있다.

> 어려서부터 척당(倜儻: 倜儻不羈의 준말 – 인물됨이 뛰어나 남
> 에게 눌려 지내지 않음)하여 장부의 마음이 있었다. 비록 천한
> 신분의 여자라고 하나 몸가짐과 일처리를 함에 왕왕 명분을 가
> 지고 들고 나며 처신하여 제주 관리들이 함부로 업신여기지 못
> 하였다.[61]

김만덕은 관향(貫鄕)이 김해로 알려져 있으며, 제주에 살았던 후
대인들 가운데 경상남도 울산지역에 정착한 사람들도 있다고 한다.
20세기 이후에 발표된 만덕의 전기(傳記)에는 이전 시기의 작품들보
다 그의 유년 시절에 대해 더욱더 상세하게 다루고 있다. 그의 아버
지가 상선을 타고 육지를 왕래하다가 풍랑을 만나 배가 좌초되면서
어린 만덕을 남긴 채 유명을 달리한 것으로 서술되어 있으며, 어머
니 역시 아버지가 작고한 지 얼마 안 되어 병으로 운명한 것으로 서
술되어 있다.

만덕에게는 남자 형제가 있었으나, 부모를 여읜 이후에 의탁할
곳을 찾아 뿔뿔이 흩어짐으로써 이산가족의 비극을 겪는다. 양가의
외동딸로써 단란하게 지냈던 생활에서부터 시작된 만덕의 삶은 기
생의 생활을 하면서 겨우 목숨을 부지해야 하는 생활로 바뀌게 된

---

61) 『承政院日記』正祖20年 11月 28日條. "時有萬德者 州之婢也 少倜儻有丈夫志
雖賤娼乎遊 持身處事 往往出入意 官于州者 亦未嘗蔑之"

것에서 고난을 겪었던 그의 마음을 헤아릴 수 있다.

자신이 몸소 간난신고(艱難辛苦)의 고통을 뼈저리게 절감하였기 때문에, 차후에 그가 부유하게 살게 되었어도 항상 불우한 이웃들을 따뜻한 시선으로 바라보고 그들의 아픔을 함께 나누기 위해 적극적으로 구휼(救恤)하였을 것이라고 여겨진다.

> 만덕이란 사람은 제주의 기생으로 성은 김씨였다. 우리나라는 공사간(公私間)에 천한 사람은 성을 쓰지 않았다. 그래서 다만 만덕이란 이름만 불렀다. 원래 양가의 딸이었으나 10여 세가 되었을 때 부모를 여의고 창기의 집에 고용되었다. 자색(姿色)이 있어 관부에 예속된 기생에 뽑혔으며 기예를 배울 때는 무엇이든 다 잘 하였다. 또한 성격이 활달하여 대장부의 기상이 있었다.[62]

이 글을 통해 사대부들이 김만덕의 전기문을 「만덕전(萬德傳)」이라고 명명(命名)한 연유를 알 수 있다. 즉 천한 사람은 성을 쓰지 않기 때문에 그러했다는 것이니, 김만덕의 신분이 기생이었다는 사실에서 기인한 것이었다. 그가 창기의 집에 고용된 이후에 다시 관아의 기생으로 뽑혔던 까닭은 자색이 있었으며 기예에 특출했기 때문이었다.

작가는 기생으로서의 김만덕의 활동에 주목하기 보다는 그의 내면에 주목하고 있다는 점이 특징적인데, 대장부의 기상을 지녔다는

---

62) 李勉昇, 『感恩編』卷3, 「萬德傳」. "萬德者 耽羅妓 金姓也 我國公私 賤不用姓 故以萬德名 本以良家女 十余歲失怙恃爲娼家傭賃 有姿色 仍選隸府妓 學技藝盡 善性 又不拘 有丈夫氣"

점을 내세운 점에서 이를 확인할 수 있다. 이로써, 자질이 **빼어난** 사람은 비천한 신분 및 혹독한 환경에 있을지라도 하늘로부터 품부(稟賦)한 본바탕은 퇴색되지 않는다는 것을 알 수 있다.

3) 젊은 시절의 도약(跳躍)

김만덕을 입전 대상으로 하여 쓴 다양한 전기류(傳記類)에 나타난 주인공 만덕의 젊은 시절은 기생 신분이 삭제됨으로써 원래의 신분을 회복한 것에서 출발하고 있다. 그 당시, 대체로 빼어난 재능으로 이름이 알려진 기녀들은 호의호식(好衣好食)하며 안정적으로 생활할 수 있었기 때문에 김만덕의 주변 사람들은 그가 기녀 생활을 그만두는 것에 대해 만류하는 이들도 적지 않았다. 김만덕은 풍족한 의식주(衣食住) 생활 자체에 대해 별반 가치를 부여하지 않았던 것이다.

나이 이십여 세 되었을 때 울면서 자기 사정을 관가에 하소연하니 관가에서 불쌍하고 가엾게 여겨 기안에서 그 이름을 없애고 다시 양민의 신분으로 되돌려 주었다. 만덕은 자기 집에 머물러 있으면서 탐라의 남자들을 머슴으로 거느리기는 했으나 남편으로 맞이하지는 않았다. 재화를 늘리는 재능이 있어 물가의 높고 낮음을 잘 예측하고 내다 팔거나 비축하여 놓기도 하였다. 그렇게 하기를 수

십 년이 지나니 부자로 이름을 드날렸다.[63]

　김만덕은 물질적인 풍요로움보다는 정신적인 가치를 중시하였다. 특히, 참다운 사람으로 살아가는 것이 중요하였을 뿐이었다. 가족들이 그를 기생이라고 하여 거리를 두며 대하는 일도 발생할 수도 있었다. 이는 김만덕을 주인공으로 한 현대소설에 잘 나타나 있다.
　기생의 삶은 조선 사회에서 낮은 지위의 인생이었으니, 사대부들의 사교장에 나아가 창으로 흥을 돋우고 시로 수작(酬酌)하며 살았다. 남성들은 이러한 기생을 자신들의 시녀(侍女)로 인식하여 이르는 곳마다 마음대로 꺾을 수 있는 꽃처럼 생각하였으므로 기생들은 풍류남아들의 정감을 돋우어주는 존재로 알려지기도 하였다.[64] 기생들은 풍류를 즐기는 사대부들의 품격 높은 '해어화(解語花)'로서의 상대가 되어주기 위해 존재하였던 것이다.[65] 김만덕을 주인공으로 한 뭇 소설에서는 그가 부모를 여읜 후 노기의 집에 의탁하며 성장하는 동안 자연스레 기적(妓籍)에 오르게 된 정황이 서술되어 있다.
　그 당시에도 기생은 8천(八賤)의 하나로 수모법(隨母法)을 따라 기적에 오르면 대비정속을 하기 전에는 임의로 빠져 나올 수 없는 신분이

---

63) 蔡濟恭, 『樊巖集』卷55, 「萬德傳」. "年二十餘 以其情泣訴於官 官矜之 除妓案 復歸之良 萬德雖家居乎 庸奴耽羅丈夫 不迎夫 其才長於殖貨 能時物之貴賤 以廢 以居 至數十年 頗以積著名"
64) 황재군, 『한국 고전 여류시 연구』, 집문당, 1985, 84쪽.
65) 김미란, 「19세기 전반기 기녀, 서녀시인들의 문학사적 위치」, 『문학과 사회집단』, 집문당, 1995, 290쪽.

었다.[66] 김만덕의 원래 신분이 양가의 딸이었기 때문에 기생으로 삶을 영위한다는 것은 자신이 가야 할 길이 아님을 직시하게 되었다. 따라서 김만덕은 결사적으로 자신의 신분 회복을 위해 애쓴 노력이 결실을 맺어 마침내 20여세 때 기적에서 이름을 없앨 수 있었던 것이었다.

이와 같이 그가 기적에서 자신의 이름을 삭제하고 원래의 신분을 회복하려 한 이유는 현재의 위치에서 좀더 상향된 지위로 격상함으로써 부귀한 삶을 누리며 권세를 부리기 위한 것은 결코 아니었다. 끝내 그가 혼인을 하지 않으며 홀로 지냈다는 점에서 자유로운 영혼으로 스스로의 삶을 진취적으로 전개하고자 한 그의 마음을 헤아릴 수 있다.

위의 글에서 "만덕은 자기 집에 머물러 있으면서 탐라의 남자들을 머슴으로 거느리기는 했으나 남편으로 맞이하지는 않았다."라고 한 대목에서도 나타나 있듯이, 김만덕은 여인의 삶보다는 진취적인 인간의 삶을 선택하였던 것이다. 이는 어린 시절의 고난이 자신의 내면의 밑거름으로 체화되었기 때문에 가능한 것이었다. 이를 통해 강인한 정신력을 소유한 그의 영혼을 감지할 수 있다.

20여세 때부터 진취척인 인간의 삶을 선택한 김만덕에게 있어 청·장년기에 해당되는 젊은 시절이란 그의 인생의 중요한 시기이자 전환기에 해당되기도 한다. 왜냐하면 어린 시절의 불우한 생활로부터 벗어나서 새롭게 도약할 수 있는 인생이 그에게 펼쳐지기 때문이다. 따라서 필자는 이 시기를 젊은 시절의 도약기로 구분하였던 것이다.

---

66) 김용숙, 『조선조 여류문학 연구』, 혜진서관, 1990, 34쪽.

젊은 시절의 김만덕의 삶이 도약할 수 있었던 계기는 그가 재화를 늘리는 재능을 선천적으로 타고 났기 때문이었다. 위의 글에서, "재화를 늘리는 재능이 있어 물가의 높고 낮음을 잘 예측하고 내다 팔거나 비축하여 놓기도 하였다. 그렇게 하기를 수십 년이 지나니 부자로 이름을 드날렸다."라고 한 것에서 이를 확인할 수 있다. 예로부터 부자는 하늘이 낸다고 하였는데, 선덕(善德)으로 충만한 김만덕의 마음 씀씀이가 순리(順理)를 거스르지 않으며 재물을 다스렸을 것이라고 여겨진다.

김만덕이 막대한 재물을 축적한 것에 대해 여러 작가들이 칭예한 바 있으니, 대체로 다음과 같은 내용들이 주류를 이루고 있다.

(1) 자기 몸을 잘 다스려 수천 금을 이루었다.[67]
(2) 옷을 간소하게 입으며 먹는 것도 줄여 재물을 많이 모았다.[68]
(3) 근검절약으로 재산이 점점 많아졌다.[69]
(4) 의복을 줄이고 먹을 것을 아껴서 재산이 매우 많이 늘어났다.[70]
(5) 배를 만들고 다스리는 일에 능통하여 다른 곳의 쌀과 양곡을 사다가 점포를 차려 놓고 판매를 한 덕에 삿갓과 말갈기가 쌓여 돈을 많이 모았으니 자못 풍족하였다.[71]

---

67) 李源祚, 『耽羅誌草本』 卷2, 「義妓萬德」. "善治生身 致累千金"
68) 金錫翼, 『耽羅紀年』 卷3, 「行首金萬德」. "縮衣損食 貲産致大"
69) 金斗奉, 『濟州道實記』 27章, 「烈女」, 〈女子 中 特異한 人物 ; 慈善心이 豊富하고 貧民을 만히 救生한 行首 內醫女 金萬德 事實〉. "勤儉과 節約을 爲主하야, 資産이 漸漸 致大하더니"
70) 「金萬德 基碑銘」. "縮衣損食 貲産滋大"
71) 李勉昇, 『感恩編』 卷3, 「萬德傳」. "善治産造船 而貿遷米 設舖而販賣 籃鬖積貨

위의 사례들에 의하면, 김만덕이 막대한 부를 축적한 것은 유가 (儒家)의 정신과도 무관하지 않은 것이다. 『논어(論語)』에서, "선비는 도(道)를 추구해야 한다. 남루한 옷과 소박한 음식을 수치스럽게 여기면 함께 얘기할 상대가 아니다."라고 한 것과 "사치하면 불손(不遜)해지고 검소하면 고루(固陋)해진다. 불손한 것보다는 차라리 고루해지는 것이 더 낫다.[72]"고 한 바 있다. 김만덕이 돈을 모은 것은 자신의 이익만을 도모하기 위한 것이 아니었기 때문에 자신의 재력에 상관없이 그는 언제나 검소한 의복을 입었으며, 소박한 음식으로 끼니를 이어갔던 것이었다. 이로써 김만덕의 인격은 선비가 추구하는 도의 마음과 다를 바 없다는 것을 알 수 있다.

그가 주목한 것은 제주에서 생산되는 특산품이었으니, 삿갓과 말갈기 등이 그러한 예에 해당된다 하겠다. 육지에서 생산되는 미곡을 사서 제주도에 가져와 판매함은 물론이었으며, 상선(商船)을 대상으로 한 교역도 활발하게 추진하였던 것이다. 이러한 교역에서 거래된 물품 가운데 제주도 특산품이 주요 품목이었다.

> 재산이 넉넉하고 의로움에 돈독하여 사람이 급한 상황에 있으면 천금을 티끌같이 내어놓았다. 항상 작은 섬에 갇혀 있어 그 뛰어남을 펼치지 못함을 한스럽게 여겼다.[73]

頗饒"

72) 『論語』卷之七, 「述而」. "子曰 奢則不遜 儉則固 與其不遜也 寧固"

73) 『承政院日記』정조20년 11월 28일조. "饒於財而篤於義 見人急 芥捐千金 常恨局於彈丸 莫之展其奇"

다음의 글에서는 그가 추구한 막대한 재산들이 어떻게 쓰이었는지에 대해 서술하고 있다. 어려운 처지에 놓인 사람들에게는 아무리 힘들게 모은 천금의 재산이라 할지라도 그것을 티끌처럼 여기고서 흔쾌히 내어놓았다고 서술한 것에서는 그가 자신의 인생을 매우 가치있게 살았음을 보여주고 있다. 김만덕이 이렇게 살 수 있었던 것은 그의 마음 속에 의로움이 가득 차 있었기 때문에 가능한 것이었던 것이다.

위의 글 가운데 끝 문장에서는 이처럼 의로운 기상을 가진 주인공이 항상 섬 안에만 지내야 했던 여성이었으므로 자신이 품은 포부를 마음껏 펼칠 수 없었던 심정을 대변해주고 있다. 이는 조선조를 살아가는 제주의 여성들이 국법에 예속되어 육지로 나아갈 수 없었던 실상을 보여준 것이기도 하다. 중요한 것은 단순히 제주 여성이라든지 조선조 여성에 한정시켜 김만덕의 인물됨을 고찰할 수 없다는 점이다. 이는 그의 도량이 사대부들의 그것을 훨씬 능가하는 것이었기 때문이었다.

4) 모경(暮景)의 사명(使命)

김만덕 관련 전기류(傳記類)에서는 대체로 58세 무렵의 구휼(救恤)에 대해 집중적으로 다루고 있다. 필자는 이러한 내용에 대해 논의함에 있어 그의 인생 세 번째 시기에 행해진 일로 파악하고 있다.

육순을 앞둔 그의 인생은 황혼에 해당된다고 할 수 있다. 황혼의 나이에 오히려 자신이 해야 할 사명이 무엇인지를 깨닫고서 이를 묵묵히 실천하는 그의 모습을 통해 인간이 지닌 존엄에 대해 사유할 수 있다.

> 우리 임금 19년 을묘년에 탐라에 큰 흉년이 들어 백성의 시신들이 산더미처럼 쌓였다. 임금이 곡식을 배에 싣고 가서 구제하기를 명하였다. 바닷길 800리를 바람에 의지해 오가는 돛배가 베틀의 북처럼 빠르게 왕래하였으나 더욱 미치지 못하였다. 이에 만덕이 천금을 내어 쌀을 육지에서 사들였다. 모든 고을의 사공들이 때맞춰 이르면 만덕은 그 중 10/1을 가지고서 친족을 살렸으며, 나머지는 모두 관아에 실어 날랐다. 그랬더니 부황 든 사람들이 그 소문을 듣고서 관청 마당에 모여들기를 마치 구름 같았다. 관아에서는 그들의 위급함의 완급(緩急)을 조정하여 곡식을 나누어 주었다. 그들은 남녀노소 모두 만덕의 은혜를 칭송하며, "우리들을 살린 사람은 만덕이라네."라고 하였다.[74]

내 가족과 남의 가족을 구분하지 않은 채 굶주린 사람들이라면 누구든지 곡식을 나누어 주겠다는 굳은 각오가 아니었다면 이러한 행동은 일어나지 않았을 것이다. 따라서 위의 글 말미에 보이는 바

---

74) 蔡濟恭, 『樊巖集』 卷55, 「萬德傳」. "聖上十九年乙卯 耽羅大饑 民相枕死 上命般粟往哺 鯨海八百里 風檣來往如梭 猶有未及時者 於是 萬德捐千金 貿米陸地諸郡縣 棹夫以時至 萬德取十之一 以活親族 其餘盡輸之官 浮黃者聞之 集官庭如雲 官劑其緩急 分與之有差 男若女 出而頌萬德之恩 咸以爲活我者萬德"

와 같이, 제주도 사람들이 남녀노소(男女老少)를 가릴 것 없이 한목소리로 자신들을 살린 사람은 만덕이라고 칭송하게 된 것이다. 이로써 김만덕은 착하며 어질고 바른 마음으로 살았을 것이라고 여겨진다. 천금의 재산이더라도 불쌍한 이웃을 살리는 일이라면 아까워하지 않으며 기꺼이 희사하였다는 점에서 그는 '맑은 부'를 실천한 인물이라고 할 수 있다. 이처럼 그가 '맑은 부'를 실천할 수 있었던 까닭은 하늘이 자신에게 내린 사명(使命)이 무엇인지를 깨달았기 때문이라고 여겨진다. 하늘이 그에게 내린 사명이란 바로 어려운 이웃의 목숨을 살리는 일이었던 것이다.

당시 제주목사가 관아에 나아가 임금님의 은혜를 선포할 때 만덕은 곁에서 언문으로 읽는 것을 듣고는 한숨을 쉬며 말하기를, "바다 멀리 떨어져 있어서 구중궁궐(九重宮闕)은 아득한데 우리 제주 사람을 먹이는 것은 불에 타거나 물에 빠져 금방 죽을지도 모를 사람들을 구하는 것과 같이 시급한 것이다. 우리 같은 소인들이 감히 자신의 재물에 애착을 가져 자신만의 이익을 도모할 것인가."라고 하였다. 마침내 재물을 기부해 가난하고 곤궁한 사람들을 구휼하니, 전후로 살아난 사람들이 수천 명이나 되었다.[75]

자연재해로 인해 갑자기 흉년이 들게 된 제주의 섬사람들은 굶주

---

75) 『承政院日記』正祖20年 11月 25日條. "當牧伯之詣舘舍宣布恩綸 萬德從傍聽諺讀 喟然歎曰 重溟遠矣 九重邃矣 粒我島民 如救焚溺 吾儕小人 其敢愛其財而利其己乎 遂散貲累賙貧乏 前後所活 爲數千人"

림을 견디지 못하여 졸지에 사망하는 일이 빈번하게 일어났던 그 당시의 정황이 위의 글 첫 대목에 잘 나타나 있다. 나라에서 미처 손을 쓰기도 전에 백성들은 아사(餓死)할 지경에 이르자, 관아에서도 이를 해결할 방법이 나오자 않아 속수무책이었던 것이다. 그러한 상황에서 김만덕은 애써 모은 재물을 동원하여 굶어죽을 수밖에 없는 백성들을 구제하는 것에 힘썼던 것이다.

진휼이 끝난 뒤에 제주목사가 그 일을 조정에 올리니 임금이 기이하게 여겨, "만덕에게 만일 소원이 있다면 쉽고 어려움을 따지지 말고 특별히 돌보아 주겠다."라고 유시를 내렸다. 제주목사는 그제서야 만덕을 불러 임금의 말씀대로, "너는 무슨 소원이 있는가?"라고 물었다.

그러자 만덕은 "특별한 소원은 없습니다. 다만 서울로 한번 가서 임금님 계신 곳을 보고, 그 다음에는 금강산에 들어가서 1만 2천 봉우리를 구경하면 죽어도 여한이 없겠습니다."라고 하였다.

대개 제주의 여인들은 바다를 건너 육지에 오르지 못하게 하는 것이 나라의 법령이었다. 제주목사는 또한 만덕의 소원이 조정에 올렸다. 임금이 명을 내려 그 소원대로 시행하라고 하셨으니, 관아에서 여비는 물론 역참의 말을 주게 하였고, 음식 등은 지나가는 고을마다 제공토록 하였다.[76]

---

76) 蔡濟恭, 『樊巖集』 卷55, 「萬德傳」. "賑訖 牧臣上其事于朝 上大奇之 回諭曰 萬德 如有所願 無問難與易 特施之 牧臣招萬德 以上諭諭之曰 若有所願 萬德對曰 無所 願 願一入京都 瞻望聖人在處 仍入金剛山 萬二千峯 死無恨矣 蓋耽羅女人之禁 不 得越海而陸 國法也 牧臣又以其願上 上命如其願 官給舖馬 遞供饋"

그 당시에 김만덕이 행한 구휼(救恤) 활동이 마침내 조정에까지
알려짐으로써 정조(正祖)는 그의 선행이 매우 드문 사례에 해당하는
일이라는 것에 주목하게 된다. 정조는 김만덕의 공을 치하하기 위
해 제주 관아에 명을 내려 그의 소원을 이 무엇인지 물어서 이를 이
룰 수 있도록 하였다. 이에 김만덕은 자신의 소원을 고하는데, 뜻밖
에도 그가 원하는 것은 군주가 거처하는 궁궐에 가보는 것과 금강
산을 유람하는 것이었다.

임금께서 말씀하시기를, "탐라 사람에 대해서는 조정에서 가엾
게 여기는 것이 다른 도보다 더욱 각별하다. 그는 일개 천한 기생으
로 의롭게 재물을 내놓아 굶주린 백성들을 진휼하는데 힘썼으니 매
우 가상하다고 할 수 있다. 그리고 그 소원 또한 녹록하지 않으니
이미 상경하였음에 어찌 도로에서 굶주리게 할 수 있겠는가. 비변
사로 하여금 재차 그에게 물어서 원하는 대로 서울에 머물렀다가
봄이 온 뒤에 금강산에 내려 보내 구경할 수 있게 한 다음 양곡과
금전을 지급하여 뱃길로 본래 고향에 떠나보냄으로써, (조정에서)
아무런 일도 함이 없이 이루어지지는 않는다는 짐의 뜻을 보여줄
수 있도록 하라."고 명하셨다.[77]
김계락이 진휼청의 말로 아뢰어 말씀드리기를, "하교하심에 따
라 제주 기생 만덕의 거처에 오늘 한 달간 먹을 양식과 비용으로
쌀 1석과 금전 닷 냥을 제급(題給)한 내용을 감히 아뢰옵니다." 임

---

77) 『承政院日記』正祖20年 11月 24日條. "上曰 耽羅人之朝家軫恤 視他道尤別 渠以
一賤妓 出義捐財 助賑窮民 已極可嘉 而其所願 亦不碌碌 旣已上來之後 何可使呼
飢道路 自備局更問于渠 如欲留開春後 下送金剛山 使得觀玩後 給糧資 津送本鄕
以示無物不遂之意可也"

금께서 전교하시기를, "알았다. 쌓인 재산을 널리 베풀어 굶주린 사람들을 구휼하고 살린 일이 조정에 알려져, 만덕의 바라는 바가 무엇인지 물으니, 상을 받기를 원하지 않으며 면천하기를 원하지 않고, 다만 소원은 바다를 건너 서울로 올라와 금강산을 두루 보는 데에 있다고 하였다. 그런데 지금 심한 추위가 닥쳐 금강산으로 향하지 못하였다. 만덕은 비록 천한 신분이나, 의로운 기상은 옛날의 열협(烈俠)에 비해 부끄러움이 없다. 봄이 올 때까지 양식을 지급하여라. 곧 내의원에 충원시켜 행수의녀(行首醫女)로 임명하여 수의(首醫)에 속하게 하고 각별히 돌보아 주고, 금강산을 보고 돌아올 때 연로의 지방관들에게 분부하여 양식과 비용을 지급하여 특별히 대우하도록 하라."고 하셨다.[78]

그의 소원은 손실(損失)된 재물을 다시 증식(增殖)하는 것과는 아무 상관이 없는 것이라는 점에서 매우 이례적인 것이었다. 황혼의 시기를 살아가는 그가 추구하는 것은 재물과 같은 물질적인 것이 아니었음을 알 수 있다. 그의 소원이기도 한 금강산 유람과 같은 여행 체험은 대장부의 호연지기를 체득할 수 있는 것이다. 이로써 김만덕이 지향하는 것은 정신문화를 향상시키는 것과 깊은 관련이 있다는 사실을 확인할 수 있다.

---

78) 『承政院日記』正祖20年 11月 25日條. "金啓洛以賑恤廳言啓日 衣下敎 濟州妓生 萬德處 今朔糧資米一石 錢五兩 題給之意敢啓 傳曰知道 散施貲累 賑活飢口 事聞 朝廷 問渠所望 則不願受賞 亦不願免賤 所願只在於涉海上京 轉見金剛云 而仍値 極寒 不得發向 渠雖賤物 義氣不愧古之烈俠 開春間給糧料 直充內醫院 差備待令 行首醫女 屬之首醫 各別顧見 見金剛還送時 分付沿路道臣 優給糧資可也"

만덕은 마침내 배를 타고 만경창파의 바다를 건너 병진년 가을에 서울에 도착하고 상국(相國) 채제공을 한두 번 만났다. 채 상국은 만덕이 상경한 사실을 임금께 아뢰니 임금이 선혜청에 명하여 매달 식량을 대주도록 하였다.

며칠 뒤에는 그로 하여금 내의원 의녀를 삼아 모든 의녀들의 반수(班首)에 두었다. 만덕은 예전의 사례에 의거하여 궁궐에 들어가 문안을 드렸다. 궁궐에서 치하하기를 "네가 일개 여인으로 의로운 기상을 일으켜 굶주린 백성들 1000여 명을 구제하였으니 기특한 일이로다."라고 하며 상으로 하사하신 것이 많았다.[79]

반년이 지난 뒤 정사년 3월에 금강산에 들어가서 만폭동, 중향성의 기이한 풍광을 모두 구경하였다. 금불을 만나면 반드시 절을 하였으며 불공을 드리며 정성을 극진히 하였다. 이는 대개 불법(佛法)이 제주도에는 들어오지 않았기 때문에 만덕이 나이 58세에 비로소 사찰과 부처를 찾게 된 것이다.

만덕은 안문령을 넘어서 유점사를 지나 고성으로 내려가서 삼일포에서 배를 타고 통천의 총석정에 올라가 천하의 빼어나게 아름다운 풍광을 다 보았다.[80]

---

79) 蔡濟恭, 『樊巖集』 卷55, 「萬德傳」, "萬德一帆踔雲海萬頃 以丙辰秋 入京師 一再見蔡相國 相國以其狀白上 命宣惠廳 月給糧 居數日 命爲內醫院醫女 俾居諸醫女班首 萬德依例 詣內閤門問安 殿宮各以女侍傳敎日 爾以一女子 出義氣 救飢餓千百名 奇哉 賞賜甚厚"

80) 蔡濟恭, 『樊巖集』 卷55, 「萬德傳」, "居半載用 丁巳暮春 入金剛山 歷探萬瀑衆香奇勝 遇金佛輒頂禮 供養盡其省 蓋佛法不入耽羅國 萬德時年五十八 始見有梵宇佛像也 卒乃踰雁門嶺 由楡岾下高城 泛舟三日浦 登通川之叢石亭 以盡天下塊觀"

그의 소원을 실현하기 위해서는 제주도에 나와 육지로 이동해야 하는데, 그 당시 국법에 의하면 제주도 여성은 섬 밖으로 나갈 수 없게 되어 있었다. 김만덕이 소원이 실현된다는 것은 오랫동안 섬을 벗어나지 못하던 제주 여성들의 숙원(宿願)이 이루어지는 일이기도 한 것이었다. 자신의 소원을 이루기 위해 육지로 나아간 김만덕의 여정에는 제주 여성들의 꿈이 내재된 것이기도 하였다.

김만덕의 소원 성취는 제주 여성들의 소원 성취를 대변해주는 것이라고 여겨진다. 이로써 김만덕은 모든 제주 여성의 상징이 될 수 있었다. 임금의 각별한 배려에 의해 금강산을 유람한 일은 우리나라 역사에 있어서 전례가 없는 일이었음은 분명하다. 김만덕의 금강산 기행은 한(恨) 많았던 제주 여성들뿐만 아니라 억압과 차별을 받아온 우리나라 모든 여성들의 염원이 응축된 쾌거(快擧)이기도 한 것이었다.

상경할 당시에는 어명에 의해 그가 지나가는 고을마다 관아에서 지속적으로 돌보아주었으며, 내의원 의녀 반수로 임명시켜 입궐을 허가하였다. 금강산 유람길에도 역마가 내려졌을 뿐만 아니라, 각종 편의가 제공되어 1만 2천 봉우리를 두루 유람하고 돌아올 수 있었다.[81]

그런 연후에 다시 서울로 올라가서 며칠을 머물렀다. 곧이어 고향으로 돌아가기 위해 궁궐에 들어가 물러감을 고하니 비빈들이 전

---

81) 「金萬德 墓碑銘」. "特命縣次續食 充內醫女寵頒便蕃 因舖馬便覽萬二千峰 及其還"

과 같이 선물을 하사하였다. 이때 만덕의 이름은 서울에 온통 알려
져서 공경대부들과 선비들이 모두들 한번 만덕이 얼굴을 보기를 원
하지 않는 사람이 없었다.

만덕이 제주로 떠날 때 채 상국을 만나 목이 메어, "이승에서는
다시 대감의 얼굴을 뵙지 못할 것입니다."라고 하니 얼굴에 눈물이
흘러내렸다. 이에 채 상국은 "옛날에 진시황과 한무제가 모두 '해외
에 삼신산이 있다'고 하였으며, 또한 세상에서는 우리나라의 한라
산은 바로 그들이 말하는 영주산이고 금강산을 바로 그들이 말하는
봉래산이 아닌가. 그대는 이미 제주에서 자랐으니 한라산에 올라
백록담의 물을 떴으며 금번에는 또 금강산을 두루 구경하였으니,
이것은 삼신산 가운데 두 곳이 이미 그대에게 점령당하지 않았던
가, 세상 천하에 수많은 남자들 가운데 이런 복을 누려 본 사람이
어디 있겠는가, 그럼에도 지금 하직에 임해 오히려 여인네의 처량
한 모습을 보이는 것은 웬일인가."라는 말로 위로해주었다.

채제공은 한번 웃으면서 만덕에게 있었던 그간의 일을 서술한
「만덕전」을 주었다. 이때는 우리 임금 21년 정사년 하지 무렵이었
다. 이글은 번암(樊巖) 채 상국(相國 채제공)이 78세의 나이에 충간
의담헌(忠肝義膽軒)에서 쓴 것이다.[82]

---

82) 蔡濟恭, 「萬德傳」. "然後還入京 留若干日 將歸故國 詣內院 告以歸 殿宮皆賞賜
如前 當是時 萬德名滿王城 公卿大夫士 無不願一見萬德面 萬德臨行 辭蔡相國 哽
咽日 此生不可復瞻相公顔貌 仍潸然泣下 相國日 秦皇漢武 皆稱 海外有三神山 世
言 我國之漢拏 卽所謂瀛州 金剛卽所謂蓬萊 若生長耽羅 登漢拏 䬃白鹿潭水 今又
踏遍金剛 三神之中 其二皆爲若所句攬 天下之億兆男子 有能是者否 今臨別 乃反
有兒女子刺刺態 何也 於是 敘其事爲萬德傳 笑而與之 聖上二十一年丁巳夏至日
樊巖蔡相國七十八 書于忠肝義膽軒"

대신들의 각별한 비호를 받으며 유람길에 올랐던 김만덕은 날이 갈수록 도성에서 인구(人口)에 회자(膾炙)됨으로써 각계각층에서 관심이 쏠렸기 때문에 그 명성을 드날렸다. 이 글에 보이는 바와 같이, 그가 귀향(歸鄕)하기 위해 하직 인사의 예를 표하려고 입궐했을 당시의 경우를 예로 들더라도, 비빈(妃嬪)을 비롯하여 그의 선행을 칭예한 사람들의 하사품이 이어졌다고 한다. 특히 위의 글 가운데, "공경대부들과 선비들이 모두들 한번 만덕이 얼굴을 보기를 원하지 않는 사람이 없었다."라고 한 대목을 통해 그가 세상 사람들의 주목을 받게 될 정도로 유명해졌다는 것을 확인할 수 있다.

그 당시 조정에서는 좌의정 채제공(蔡濟恭)을 위시해 벌열대신(閥閱大臣)들이 앞을 다투어 그의 전기를 지었다고 한다. 위의 글에서는 귀향길에 오르게 된 김만덕이 채제공에게 눈물을 흘리며 하직 인사를 고하는 장면이 등장하고 있다. 채제공은 정승의 지위에서 임금의 명을 받아 제주도에서 상경한 김만덕의 객지 생활이 불편하지 않도록 세심하게 보살펴주었다. 다음의 글에서는 이러한 정황이 잘 나타나 있다.

채제공이 말하기를, "탐라의 기녀가 재산을 내놓아 백성을 진휼하였는데, 상을 받기를 원하지 않고 면천(免賤)하기도 원하지 않고 오로지 왕성을 보고 금강산에 들어가기를 원하는 바, 그 원함에 따르라는 명이 있었습니다. 겨우 서울에 올라왔는데, 마침 심한 추위를 만나 이 집 저 집에서 방황하고 있습니다. 만덕이 신을 찾아와서 울며 호소하는데, 그가 비록 천류이지만 그 의기가 매우 드높은데 이러한 사정이 매우 측은하여, 유사(有司)에 분부하여 별도로 돌보아주게 함이 좋을 듯하옵니다."[83]

　　임금께서 말씀하시기를, "탐라 사람에 대해서는 조정에서 가엾게 여기는 것이 다른 도보다 더욱 각별하다. 그는 일개 천한 기생으로 의롭게 재물을 내놓아 굶주린 백성들을 진휼하는데 힘썼으니 매우 가상하다고 할 수 있다. 그리고 그 소원 또한 녹록하지 않으니 이미 상경하였음에 어찌 도로에서 굶주리게 할 수 있겠는가. 비변사로 하여금 재차 그에게 물어서 원하는 대로 서울에 머물렀다가 봄이 온 뒤에 금강산에 내려 보내 구경할 수 있게 한 다음 양곡과 금전을 지급하여 뱃길로 본래 고향에 떠나보냄으로써, (조정에서) 아무런 일도 함이 없이 이루어지지는 않는다는 짐의 뜻을 보여줄 수 있도록 하라."고 명하셨다.[84]

　　위에서 채제공의 상소에 의하면, 김만덕은 상경한 직후에는 객지 생활의 불편함이 적지 않았음을 알 수 있다. 이러한 그의 심정을 헤아려준 대신이 바로 채제공인데, 채제공은 김만덕이 의로운 기상을 지녀 구휼에 힘쓴 점에 감화를 입어 김만덕의 진정성을 높이 샀던 것이다. 따라서 그는 신분의 고하를 막론하고 김만덕에게 온정(溫情)을 베풀었을 뿐만 아니라 전기문을 손수 지어 귀향하는 그에게

---

83) 『承政院日記』正祖20年 11月 24日條. "濟恭曰 耽羅妓 捐財賑民 不願受賞 不願免賤 願一觀王城 仍入金剛山 有從願之命 纔上來而適値極寒 彷徨旅邸 來見臣泣訴 渠雖賤類 其義可尙 其情可憫 分付有司 另加顧恤 似好矣"

84) 『承政院日記』正祖20年 11月 24日條. "上曰 耽羅人之朝家軫恤 視他道尤別 渠以一賤妓 出義捐財 助賑窮民 已極可嘉 而其所願 亦不碌碌 旣已上來之後 何可使呼飢道路 自備局更問于渠 如欲留開春後 下送金剛山 使得觀玩後 給糧資 津送本鄕 以示無物不遂之意也"

선사하였던 것이다. 이를 통해 김만덕을 참다운 인격체로 대하는
채제공의 진정성을 확인할 수 있다.

　칠순의 나이에도 용모가 신선, 부처를 방불케 하였으며 겹눈동
자로 밝고 맑았다. 다만 하늘의 도가 무심하여 자식이 없는 것이
애석하도다. 그러나 양손(養孫)인 시채가 동기간에서 출계하여 유
지(遺志)를 잘 지키고 있다. 영원히 향화하니 다시금 어찌 한하겠
는가. 원릉(영조의 능호) 기미년에 태어나 지금 임금(순조) 임신년
10월 22일에 종명하였다. 그 다음 달, 병원지(並園旨, ᄀ으니ᄆ루)
에 장사지내니, 무덤은 갑좌(甲坐)이다. 임금이 즉위하신 지 12년
인 11월 21일에 비석을 세우다.[85]

　위의 글에는 그의 만년이 서술되어 있으니, 칠순에도 신선과 부
처와 같은 용모를 지녔다고 기록된 것을 통해 삶의 풍격이 남달랐
음을 알 수 있다. 또한 자손은 있지 않았어도 양손(養孫)에 의해 그
의 유지가 잘 계승되고 있음을 확인할 수 있다.

85) 「金萬德 墓碑銘」. "金萬德 本金海 卽耽羅良家女也 幼而失恃 零丁貧苦長 而靡曼
　　托籍敎坊 縮衣損食 貲産滋大 歲在 正宗朝乙卯 島人大饑 能傾財運穀 活命甚衆
　　牧伯賢之聞 上問何所欲 對曰 願見京華金剛之勝而已 特命縣次續食 充內醫女
　　寵頒便蕃 因舖馬便覽萬二千峰 及其還 卿大夫 皆贐章立傳 雖古賢媛 盖未嘗 七旬
　　顔髮 彷彿仙釋 重瞳炯澈 但天道無心 惜乎無兒 然養孫時采 出自同氣 克遵遺志
　　永香火亦復奚憾 生于元陵己未 終于當宁壬申 十月二二日 以翌月窆于並園旨 甲
　　坐之原 上之卽位十二年 十一月二十日立"

대정성중(大靜城中)에 적거 중인 전(前) 참판(參判) 김정희(金正喜)도 은광연세(恩光衍世)라 친서하여 액판(額板)에 양각하고, 또 굶주린 백성을 구호한 사실과 왕으로부터 수이지은(殊異之恩)을 받은 일들을 약기하여 동기의 증손벌되는 김종주에게 증정하여 김씨 가문을 표창한 일도 있었다.86)

55세 때부터 8년 3개월 동안 제주도의 대정현에서 유배생활을 하였던 완당(阮堂) 김정희(金正喜, 1786~1856)는 제주도에서 모든 재산을 내놓아 굶주린 백성을 살린 김만덕의 선행(善行)을 듣고서 매우 감동하여 '은광연세(恩光衍世)'라고 쓴 편액을 그 후손에게 증정한 바 있다. '은광연세(恩光衍世)'란 말은 (김만덕의) 은혜로운 빛이 온 세상에 퍼짐을 뜻한다. 또한 완당 김정희는 편액에 "은혜의 빛이 온 세상에 번진다. 김종주의 조모께서 섬이 온통 굶주릴 때 크게 베푸셔서, (군왕의) 남다른 은혜를 입어 금강산에 들어가기에 이르니 사대부들이 기록하여 전하고 노래로 읊은 것은 고금(古今)에 드문 일이다. 이 편액을 써서 증정함으로써 그 가문을 표창하여 드러나게 하노라."87)라는 글을 덧붙였다. 완당 김정희가 이 편액을 만든 시기는 김만덕이 별세한 뒤 30년이 지났을 때였는데, 사대부(士大夫)라고 하더라도 실천하기 어려운 대업(大業)을 펼쳐 보인 김만덕의

---

86) 김태능, 「義女 金萬德傳」, 『김만덕 자료총서 I』, 도서출판 각, 2007, 40~41쪽.
87) 김봉옥, 「金萬德傳」, 『김만덕 자료총서 I』, 도서출판 각, 2007, 144쪽. "金鍾周大母 大施島饑 被殊異之恩 至入金剛山 瑨紳皆傳記詠之 古今稀有也 書贈此扁以表其家"(실제 편액에는 "金鍾周大母大施島饑餓 被殊異之恩至入金剛山 搢紳皆紀傳歌詠之古今罕有也 書贈此扁以表其家"로 되어 있다)

고결한 마음을 추숭한 것임은 물론이다. 위의 편액을 통해 김만덕의 제민 정신이 영원히 이어지기를 염원한 까닭은 향후에도 김만덕과 같이 노블레스 오블리주를 실천할 수많은 인재들이 우리나라에 계속 탄생하기를 간절히 바랐기 때문이었으리라 사료된다.

2
실천적 삶과 제민 정신

1) 문헌을 통해 본 김만덕의 실천적 삶

굶주림으로 목숨을 잃는 사람들을 목도하게 된 김만덕은 그들을 도울 방법을 강구하게 된다. 그는 어린 시절에 누구보다 뼈저리게 가난의 세월을 견디었던 실제 체험이 있기 때문에 형편이 어려운 사람들을 보면 저절로 연민의 정감이 우러나지 않을 수 없었던 것이다. 이러한 정감은 자식을 정성껏 양육하는 어머니의 마음과도 상통하는 것이라 할 수 있다.

당시의 제주목사가 관아에 나아가서 임금님의 은혜로운 하교(下敎)를 널리 알렸는데, 만덕은 먼 끝자리에서 그 내용을 듣고 나서 한숨을 쉬며 말하기를, "바다 멀리 떨어져 있어서 구중궁궐(九重宮闕)은 아득한데 우리 제주 사람을 먹이는 일은 불에 타거나 물에 빠져 금방 죽을지도 모를 사람을 구하는 것과 같이 시급하다. 우리 같은 소인(小人)들이 감히 자신의 재물에 애착을 가져 자신만의 이익을 도모할 것인가."라고 하였다. 마침내 재물을 기부해 가난하고 곤궁한 사람들을 구휼하니, 전후로 살아난 사람들이 수천 명이나 되었다.[88]

임금의 하교(下敎)로, 기근을 겪는 백성들의 어려움을 헤아려 구휼미를 아끼지 않으며 하사하겠다는 어명을 제주 백성들에게까지 들려왔다. 그러나 도성으로부터 제주까지는 3천 리에 달하는 거리의 간극이 있을 뿐만 아니라, 바닷길에 중간에 있으므로 구휼미를 운송하기 위한 여건은 시시각각으로 변하고 있었던 것이다.

젊은 시절부터 상선(商船)을 활용하여 물품 거래를 사업으로 해온 김만덕의 경우에는 이러한 정황을 가장 먼저 헤아릴 수 있었으므로 위의 글에 나타난 바와 같이 임금의 은혜가 이곳 벽지까지 고루 전달되지 않을 수도 있다는 생각에 탄식하게 된 것이다.

따라서 그는 작금의 상황이 마치 불에 타거나 물에 빠져 금방 죽을지도 모를 사람을 구하는 것과 같이 매우 급박한 경우임을 직감하고, 이러한 때에 자신이 재물에만 애착을 가진다면 자신만의 이익을 도모하는 것에 불과하기 때문에 자신의 재물을 내놓아서 고통받는 백성들을 살리는 일에 최선을 다했던 것이다. 이로써 항상 어진 마음으로 공동의 선을 추구하는 대인(大人)의 마음을 확인할 수 있다. 이는 남의 어려움을 자신의 어려움과 똑같이 생각하는 마음

---

88) 『承政院日記』正祖20年 11月 25日條. "當牧伯之詣舘 舍宣布恩綸 萬德從傍聽諺讀 喟然歎日 重溟遠矣 九重邃矣 粒我島民 如救焚溺 吾儕小人 其敢愛其財而利其己乎 遂散貲累賙貧乏 前後所活 爲數千人"

이 투영된 것이기도 하다. 그가 실천적 삶을 완성한 것은 이러한 마음 바탕이 내재되어 있기 때문이었다.

> 김계락이 진휼청의 말로 아뢰기를, "하교하심에 따라 제주 기생 만덕의 거처에 오늘 한 달간 먹을 양식과 비용으로 쌀 1석과 금전 닷 냥을 제급(題給)한 내용을 감히 아뢰옵니다."라고 하였다.
>
> 임금께서 전교하시기를, "알았다. 쌓인 재산을 널리 베풀어 굶주린 사람들을 구휼하고 살린 일이 조정에 알려져, 만덕의 바라는 바가 무엇인지 물으니, 상을 받기를 원하지 않으며 면천하기를 원하지 않고, 다만 소원은 바다를 건너 서울로 올라와 금강산을 두루 보는 데에 있다고 하였다. 그런데 지금 심한 추위가 닥쳐 금강산으로 향하지 못하였다. 만덕은 비록 천한 신분이나, 의로운 기상은 옛날의 열협(烈俠)에 비해 부끄러움이 없다. 봄이 올 때까지 양식을 지급하여라. 곧 내의원에 충원시켜 행수의녀(行首醫女)로 임명하여 수의(首醫)에 속하게 하고 각별히 돌보아 주고, 금강산을 보고 돌아올 때 연로의 지방관들에게 분부하여 양식과 비용을 지급하여 특별히 대우하도록 하라."라고 하였다.[89]

위에서 알 수 있는 바와 같이, 세상 사람들은 본래 김만덕을 비천한 신분의 여인으로밖에는 그를 알지 못하여 그의 진정성에 대해서

---

89) 『承政院日記』 正祖20年 11月 25日條. "金啓洛以賑恤廳言啓曰 衣下敎 濟州妓生 萬德處 今朔糧資米一石 錢五兩 題給之意敢啓 傳曰知道 散施貲累 賑活飢口 事聞 朝廷 問渠所望 則不願受賞 亦不願免賤 所願只在於涉海上京 轉見金剛云 而仍值 極寒 不得發向 渠雖賤物 義氣不愧古之烈俠 開春間給糧料 直充內醫院 差備待令 行首醫女 屬之首醫 各別顧見 見金剛還送時 分付沿路道臣 優給糧資可也"

도 남들이 알아주지 않았던 것이다. 다시 말하면 김만덕은 이 세상에서 특별히 인정받으며 살지는 못하였던 것이다. 오히려 이러한 삶이 그의 심지를 더욱더 견고하게 하는데 도움이 되었기 때문에 그는 막대한 부를 지녔어도 외면의 화려함을 붙좇지 않을 뿐더러 내면의 가치를 중요시하여 평생 겸손하게 살아갈 수 있었다.

위의 글에서는 그가 면천을 원하지 않았던 것으로 나타나 있다. 이로써 그에게는 면천보다 더 중요하게 생각하는 것이 있었다. 면천보다도 도성과 금강산의 유람을 더 간절하게 원한 것은 그가 여타의 사람들과 가치관이 매우 다르다는 것을 알 수 있게 해준다. 그는 고양(高揚)된 정신세계를 매우 소중하게 인식하였던 것이다. 따라서 김만덕은 스스로 고양된 정신세계를 충족시키기 위해 도성과 금강산의 유람을 소원하였던 것이다.

만덕이란 사람이 있었는데, 제주의 관비였다. 어려서부터 척당
(倜儻; 倜儻不羈 – 인물됨이 뛰어나 남에게 눌려 지내지 않음)하여 장부의 마음이 있었다.

비록 천한 신분의 여자라고 하나 몸가짐과 일처리를 함에 왕왕 명분을 가지고 들고 나며 처신하여 제주 관리들이 함부로 업신여기지 못하였다.

재산이 넉넉하고 의로움에 돈독하여 사람이 급한 상황에 있으면 천금을 티끌같이 내어놓았다. 항상 작은 섬에 갇혀 있어 그 뛰어남을 펼치지 못함을 한스럽게 여겼다.[90]

---

90)『承政院日記』正祖20年 11月 28日條. "時有萬德者 州之婢也 少倜儻有丈夫志

김만덕이 스스로 고양된 정신세계를 충족시키려고 애쓴 연유는 바로 그의 자질(資質)에서 비롯된 것이라고 할 수 있으니 뛰어난 인품을 지녔기 때문에 그러한 것이다. 이 글에서, 그가 척당불기(倜儻不羈)의 자세를 견지하였기 때문에 대장부의 마음과 다르지 않았음을 밝힌 대목을 통해서도 이러한 사실을 확인할 수 있다. 그렇기 때문에 매번 일처리에도 명분을 가지고 해결하였으므로 관리들이 업신여기지 못하게 행동하였던 것이다.

공사(公私)간 분별이 확실하였던 김만덕의 업무 능력은 그의 넓고 큰 국량(局量)에 비해 그 범위가 매우 협소하였던 것이다. 위의 글에서, "항상 작은 섬에 갇혀 있어 그 뛰어남을 펼치지 못함을 한스럽게 여겼다."라고 한 대목은 사대부에 못지않은 그의 국량을 널리 칭송한 것이며 이와 동시에 그의 장점을 널리 떨치지 못했던 지난날의 삶을 안타까워한 것이다.

임금께서 가상히 여겨 제주목사에게 명하여 만덕이 하고 싶은 것이 무엇인지 물어보게 하였다. 만덕은 사양하며 말하기를, "이웃 사람들을 구휼하는 것은 누구라도 다 하는 일인데, 감히 상을 바라겠습니까?"라고 하였다. 제주목사가 천역을 면하기를 바라는지 물었더니, 만덕은 또한 사양하며 말하기를, "천인이 천한 것은 지당할 따름인데 면한들 또한 어찌하겠습니까?"라고 하였다.

제주목사가 재차 소원을 물었더니 이에 말하기를, "계속 말하라

雖賤娼乎遊 持身處事 往往出入意 官于州者 亦未嘗蔑之 饒於財而篤於義 見人急芥捐千金 常恨局於彈丸 莫之展其奇"

하시면 한번 말씀드리고 싶은 소원이 있기는 합니다. 제가 수천 리 떨어진 남쪽 바닷가에 살고 있으니 한번도 서울의 궁궐에 머물며 도성의 사람들, 사대부 집안의 여인은 물론 우모(羽旄)도 못 보았습니다. 또한 나라 동쪽에는 개골산이 있으니, 중국 사람들도 그 산을 한번 보는 것이 지극한 소원이라고 들었습니다. 제주는 변방이어서 멀리 떨어져 있으나 또한 조선에 속한 지방이니, 한번 눈여겨 볼 수 없겠습니까? 이 두 가지 일이 저의 소원입니다."라고 하였다.

제주목사가 그 실상을 아뢰니 임금께서는 열협하다고 여기며 칭찬하시고는 말을 지급하게 하시고 양식을 마련하도록 하셨다. 서울에 당도하자 태의원에 명하여 만덕을 여의 가운데 으뜸으로 배속(配屬)하였으며, 선혜청으로 하여금 달마다 금전과 쌀을 지급토록 하였다.[91]

이 글은 그의 인물됨이 범상치 않았음은 보여주고 있는데, 그가 "이웃 사람들을 구휼하는 것은 누구라도 다 하는 일인데, 감히 상을 바라겠습니까?"라고 말한 것과, "천인이 천한 것은 지당할 따름인데 면한들 또한 어찌하겠습니까?"라고 말한 것에 잘 나타나 있다. 구휼을 몸소 실천한 그의 선행은 남들로부터 칭찬을 듣기 위해서 한 것이 아니었으며 상을 받기 위한 것은 더욱더 아니었던 것이다.

---

91) 『承政院日記』正祖20年 11月 25日條. "上嘉之 命牧伯詢其所欲爲 萬德辭曰 周恤隣里常也 敢望償乎 牧伯欲免其役 又辭曰 賤人賤固當爾 免亦奚爲 牧伯固問之 乃曰 無已則有一焉 婢之生在數千里南溟之外 不得一至京闕 與都人士女 同瞻羽旄 且聞國之東 有皆骨山 華人至願一見 耽羅雖僻遠 亦朝鮮之屬州也 可無一寓目乎 遂此兩事至願矣 牧伯以其實聞 上獎之以烈俠 給馬備粮 旣抵洛 命太醫院 屬之女醫之首 惠廳月支錢米"

자기가 한 일이 수많은 사람들을 살렸음에도 자신은 이러한 일이 그리 대단한 것이 아니라고 여기고 있을 따름이며 인간이면 누구나 할 수 있는 일이기에 당연한 일을 했을 따름임을 보인 것이었다. 김만덕의 실천적 삶이 빛나는 이유는 바로 이러한 점에서 찾을 수 있다. 위에서 그의 실천은 옳은 일을 행하는 것에 의미가 있을 뿐이며, 자신이 세운 공으로 남들에게 보이기 위함이 아니었던 것이다.

천인(賤人)으로서의 삶을 괴로워하지 않으며 오히려 당당하게 자신의 신분에서 할 수 있는 일이 무엇인지를 찾아 적극적으로 성취하는 여성의 모습을 보여주고 있다. 그렇기 때문에 이러한 김만덕의 자세에 대해 임금 역시 그 사람됨이 단순한 여인의 마음이 아니라, 열협(烈俠)한 대장부가 지닌 마음과 동일한 것이라고 칭예하였던 것이다.

서울에 왔을 때는 큰 눈이 내려 봄이 될 때까지 기다리다가 금강산을 가도록 함으로써 그 소원을 풀게 하였다. 만덕이 가는 곳마다 삶들이 모두 모여 구경하며 칭송하였다. 벼슬아치들이 그의 일을 기록하고 기이한 일을 전하니 만덕의 이름이 온 나라에 퍼졌다.

아! 쌓아놓은 재물을 내어놓는 일은 남자들도 하기 어려운 것이며, 공을 세워도 상 받는 것을 사양한 일은 사대부들도 판별하지 못하는 일이었다. 만덕은 섬 안의 일개 여인으로 몸은 관비에서 벗어나지 못하여 천하다고 하나 이러한 일을 능히 행하였으니, 이것이 어찌 훌륭한 일이라고 하지 않겠는가.

또, 한번 서울 궁궐을 구경하고 싶은 것이 소원이라니 이는 진실로 타고난 천성에서 나온 것이며 하늘이 내린 마음에서 비롯된 것이다. 섬과 대륙, 귀함과 천함을 막론하고 금강산을 유람하는 일은 기이하며 장대한 것이다.

　제주는 세상 사람들이 '영주'라고 일컫는다. 영주의 만물 가운데 빼어난 것으로 빼어난 말, 대나무 화살, 귤과 유자 등의 특산품이 있으니 임금 계신 조정에 진상되는데, 만덕 역시 이처럼 영주의 빼어난 인물이 아니겠는가.[92]

　이 글에서는 김만덕의 이름이 도성(都城)에 널리 알려지게 된 사실을 집중적으로 다루고 있다. 김만덕 스스로 자신의 이름을 널리 떨쳤던 것이 아니었으며 진신대부(搢紳大夫)를 위시한 수많은 선비들이 김만덕에 대한 글을 지음으로써 그 명성이 자자해진 것이었다. 제주도에서 김만덕이 행한 선업(善業)은 그 당시의 남자들도 선뜻 실행하기 어려운 것이었으니, 이를 행한 김만덕은 결단력과 추진력이 있었던 것이다. 특히 위의 글에서는 제주에 사는 일개 여인이 베풀었던 선행이라는 점에서 주목하고 있으며, 더욱이 비천한 신분의 관비에 의해 선업(善業)이 행해졌다는 사실에 매우 놀라는 면도 없지 않다.

　그러나 자선을 베푼 김만덕의 실천적 삶으로 미루어 볼 때, 고결

---

92) 『承政院日記』正祖20年 11月 25日條. "時値大雪 使之待春往金剛 俾酬其願 於是萬德之所往 人皆聚觀而稱道之 搢臣大夫 記其事而傳奇 萬德之名 乃播於國中 噫積而能散 男子之所難能 功而辭償 士夫之所難辨也 萬德以島中一女子 身不離婢使之賤而乃能之 豈不偉也哉 又況一見京闕之願 寔出秉彝 信乎天之降夷 不限於島陸 不界於貴賤 金剛之遊 又何奇且壯也 耽羅 世所稱瀛州也 鍾於物 有駃騠竹箭橘柚之屬 供于王庭 萬德亦此類也歟"

한 행동은 높은 신분을 가진 사람만이 행하는 것이 아니었다. 높은 신분을 가진 사람들은 물질적인 풍요로움을 누릴 수는 있어도 그들이 정신적인 풍요로움까지 겸비한 경우는 흔치 않다고 사료된다. 김만덕의 경우, 오히려 그들과는 매우 다른 생활을 하였다. 그러나 그는 온갖 고난을 두루 겪어나감으로써 그들이 미처 알아차리지 못하였던 정신적 풍요로움의 가치를 체득할 수 있었던 것이다.

위의 글에서는 김만덕의 뛰어난 기질은 바로 진귀한 물산이 많이 나는 제주도의 지세와도 무관하지 않다고 칭송하고 있다. 그의 가치는 매우 고귀하여 마치 제주에서만 생산되는 특산물인 '귤'과 같은 것으로 비유한 것이 특징적이다. 이는 김만덕의 실천적 삶은 아무나 이룰 수 있는 것이 아님을 암시한 것이기도 하다.

제주목사 유사모가 진휼을 마치고 급히 아뢰니, 임금께서 관아 창고를 연 수령과 스스로 원하여 재물을 바친 제주 백성에게 시상을 차등 있게 하라고 명하였다. 유사모가 장계를 올려, " …(중략)… 노기 만덕은 순수한 마음으로 진정 원하는 바가 없이 재물을 가벼이 내놓았으니, 비천한 신분으로는 더욱 행하기 어려운 바입니다. …(중략)… 노기 만덕은 스스로 원하여 쌀 300석을 바쳤습니다."라고 아뢰었다.[93]

임금께서 하교하시기를, "…(중략)… 노기 만덕은 자기가 어찌 구하는 것 없이 분별하지도 않은 채 이렇게 100포대에 가까운 백미를

---

93) 『日省錄』 正祖20年 6月 6日條. "濟州牧使柳師模 以畢賑馳啓 命捐廩守令願納島人 施賞有差 該牧使狀啓 …(中略)… 老妓 萬德 理固無求 亦知輕財 卑賤之中 尤所難能 …(中略)… 老妓萬德 願納正租三百石"

내어서 굶주리고 궁핍한 사람들을 진휼하고 구제할 수 있단 말인가. 면천해주든지 특별히 공로를 돈으로 갚아주든지 간에 그대는 만덕이 원하는 바를 좇아 시행한 후에 그 정황을 보고할 수 있도록 돌아가거든 유시하여라."라고 하였다.[94]

"만덕이 아뢴 내용은 자기 나이가 늙었으며 자식도 없으므로 면천하고자 하는 마음은 없고 다만 출륙하고자 하는 마음뿐이라는 것입니다. 그러한 소원에 따라 출륙하도록 허가하심이 어떠할지 연유를 급히 아뢰옵니다."라고 하였다.[95]

채제공이 아뢰기를, "탐라의 기녀가 재산을 내놓아 백성을 진휼하였는데, 상을 받기를 원하지 않으며 면천하기도 원하지 않고 단지 도성을 보는 것, 금강산에 들어가기를 바라는 바, 그 소원을 따르라는 명이 있었습니다. 이제야 서울에 올라왔는데 때마침 심한 추위가 닥쳤음에도 이 집 저 집을 다니며 방황하고 있습니다. 만덕이 저를 찾아와서 울며 호소하니, 그가 비록 천류이어도 그 의기는 매우 높으니 그의 사정이 매우 측은하므로 유사에 분부하여 별도로 돌보아주게 함이 좋을 듯합니다."[96]

이 글에 나타난 김만덕의 선행은 순수한 마음으로 베풀었다는 것에 초점을 두고 있다. 특히 그의 신분이 고관대작(高官大爵)이 아니었

---

94) 『日省錄』正祖20年 6月 6日條. "教曰 …(中略)… 老妓萬德 渠何所求辨 此近百包白大米 賙飢濟乏乎 免賤與別般酬勞間 卿其從願 施行後 形止狀聞事 回諭"

95) 『日省錄』正祖20年 7月 28日條. "萬德所告內 渠年老無子 果無免賤之心 只有出陸之願 依其願 許令出陸 緣由馳啓"

96) 『日省錄』正祖20年 11月 24日條. "濟恭曰 耽羅妓捐財賑民 不願受賞 不願免賤 願一觀王城 仍入金剛山 有從願之命 纔上來 而適值極寒 彷徨旅邸 來見臣 泣訴渠雖賤類其義可尙 其情可憫 分付有司 另加顧恤 似好矣"

기 때문에 면천(免賤)을 희망할 수 있었음에도 그것을 바라지 않은 데서 그의 덕망이 더욱 빛날 수 있었다. 이런 일을 계기로 사람들은 그가 맑고 순수한 마음에서 남들을 도와주었음을 알게 된 것이다.

다시 말하면 그는 자신의 사리사욕을 채우기 위해 살았던 사람이 아니란 뜻이다. 정조(正祖)는 김만덕의 소원이 '출륙(육지로 나옴)'하는 것이라는 말을 듣고 기꺼이 그의 소원을 들어주기로 한 것이다. 이를 통해 정조 역시 참다운 사람의 마음을 헤아릴 수 있는 성군(聖君)이었음을 확인할 수 있다.

> 일찍이 파촉(西蜀)에 청(淸)이라는 여인에 대해 들은 일이 있으니, 그는 단혈(丹穴:丹沙를 채굴하는 굴)로써 재부(財富)를 후대에 걸쳐 물려주니 진시황은 그를 위해 누각을 세워주며 칭송하였다.
>
> 지금 만덕은 파촉의 청과 같이 재물을 갖고 있을 뿐만 아니라 노가(魯家:공자)의 의리를 겸하였다. 섬 안에서 몸을 일으켜 그 이름을 온 세상에 알렸으니, 태사공에게 전을 쓰게 한다면 만덕의 내용은 장차 「화식(貨殖) 열전」에 넣어야 하는가 아니면 열협(烈俠) 열전에 넣어야 하는가.[97]

사마천(司馬遷)이 쓴 『사기(史記)』 「열전(列傳)」의 입전(立傳) 대상이 되기에 손색이 없을 정도로 입지전적(立志傳的)인 인물이 된 김만

---

[97] 『承政院日記』正祖20年 11月 25日條. "嘗聞巴蜀淸 以丹穴世其富 秦皇爲之築臺而美之 今萬德 有蜀淸之財 而兼魯家之義 起於島中 名聞四方 若使太史公在者 其將編於貨殖之傳耶 烈俠之傳耶"

덕은 한국 여성의 역사상(歷史上) 전례가 없는 공동선의 실천을 보여주었다고 하여도 무방하다. 그렇기 때문에 위의 글에서는 사마천의 『사기(史記)』에 등장한 '청(淸)'이란 여성의 삶에 빗대어 김만덕이 세운 혁혁한 공로를 칭예한 것이다. 『사기(史記)』의 「화식(貨殖) 열전(列傳)」에 기록된 여성 '청(淸)'의 활약을 보이면 다음과 같다.

> 파(巴) 땅에는 '청'이라는 이름의 과부가 있었다. 이 여인의 조상이 단사(丹沙)를 캐내는 동굴을 발견하여 여러 대에 걸쳐 이익을 독점해왔으므로, 가산은 이루 헤아릴 수 없을 정도로 많았다.
>
> '청'은 과부였으나 가업을 잘 지키고, 재물을 이용하여 자신을 잘 지켜서 사람들에게 침범당하지 않았다. 진(秦)나라의 시황제(始皇帝)는 이 여인을 정조가 굳은 부인이라고 여겨 귀빈으로 예우해주었으며, 이 여인을 위해 '여회청대(女懷淸臺)'라는 누대를 지어주었다. …(중략)…
>
> '청'은 외딴 시골의 과부에 불과하였으나, 만승(萬乘) 지위의 황제와 대등한 예를 나누고, 명성을 천하에 드러냈으니, 이 어찌 재력 때문이 아니겠는가.[98]

사마천은 위의 글을 지어 사람에게 재물은 없어서는 안 되는 것임을 일깨우고 있다. 그러나 무엇보다도 사마천이 강조한 것은 소

---

98) 司馬遷, 『史記』, 卷一百二十九, 「貨殖列傳」, 第六十九. "巴蜀寡婦清 其先得丹穴 而擅其利數世家亦不訾 清寡婦也 能守其業 用財自衛 不見侵犯 秦皇帝以爲貞婦 而客之 爲築女懷淸臺 …(中略)… 清窮鄕寡婦 禮抗萬乘名顯天下 豈非以富耶"

중한 재물이 누가 가지고 있는가가 더욱더 중요함을 일깨워주고 있다. 사마천이 '청'이란 여인을 칭송한 이유는 바로 그가 막대한 재물을 가져서 그런 것이 아니라, 그의 사람 됨됨이에 감동을 받았기 때문이었다.

'청'이란 여성은 자신을 다스리는 법을 잘 알았을 뿐만 아니라 이를 적극적으로 실천하였던 인물이었다. 진(秦)나라의 시황제(始皇帝) 역시 수신(修身)의 도(道)를 마음의 중심으로 삼아 평생 정조를 지킨 청의 생애를 고귀한 삶으로 인식하고 정절로써 고귀한 삶을 실천한 청을 위해 기꺼이 '누대'를 세우게 된 것이었다. 이 세상에는 항상 막대한 재물로 자신의 탐욕만을 충족시키는 일에 몰두하는 졸렬한 부자들이 더 많은 것이 고금(古今)의 세태(世態)였으므로, 외딴 시골에 살았으면서 자신의 삶을 고귀하게 이끈 이 여인의 삶이 더욱 부각된 것임은 자명한 이치였다.

황제로부터 아낌없는 찬사를 받은 이 여인의 삶의 방식은 여타의 졸렬한 부자들과는 전혀 다른 가치관을 지녔다고 할 수 있다. 사마천은 위의 글을 지어 진정한 부자란 눈앞에 쌓인 재물보다 눈에 보이지 않는 정신적 가치를 중시하는 사람임을 보여주고 있다. 그렇기 때문에 조선조 벼슬아치들이 김만덕에 대해 쓴 글에서는 사마천이 입전한 이 여인의 이야기를 전고로 하여 김만덕의 삶이 지닌 가치를 부각하였던 것이다.

임금께서 명하시기를, "제주기녀 만덕을 내의원에 충원시켜 행수의녀로 임명하여 금강산을 구경하고 돌아갈 때 연로에 분부하여 양식과 비용을 우대하여 지급하도록 하여라."라고 하였다. …(중략)… 진휼청에서 제주기녀 만덕에게 지금부터 매월 초하루에 먹을 양식과 비용으로 쌀과 금전을 제급하는 뜻을 아뢰었다.

임금께서 하교하시기를, "쌓인 재물을 널리 베풀어 굶주린 사람들을 구휼하고 살린 일이 조정에 알려져, 만덕이 바라는 바가 무엇인지 물으니, 상을 받기를 원하지 않으며 면천하기도 원하지 않는데, 소원이 있다면 단지 바다 건너 서울에 올라오는 것, 금강산을 두루 보는 것이라고 한다. 그런데 지금 심한 추위가 닥쳐 금강산으로 향하지 못하였다. 만덕은 비록 천한 신분이기는 하나, 의로운 기상은 옛날의 열협(烈俠)에 비해 부끄러움이 없다. 봄이 올 때까지 양식을 지급하여라. 즉시 내의원이 충원시켜 행수의녀로 임명하고 수의(首醫)에 배속케 하여 각별히 돌보아주며, 금강산을 보고 돌아올 때에도 연로의 지방 관리들에게 분부 내려 양식과 비용을 지급하여 특별히 대접하도록 하라."라고 하였다.[99]

정조(正祖)는 김만덕이 입궐(入闕)의 예를 갖출 수 있도록 그에게 내의원 행수 의녀의 자리를 마련해주는 은총을 베풀었다. 뿐만 아니라, 정조는 서울에 머물러 있을 때나 금강산을 유람할 때나 먹을

---

99) 『日省錄』正祖20年 11月 25日條. "命 濟州妓萬德 充內醫院差備 待令行首醫女 見金剛還送時 分付沿路 優給糧資 …(中略)… 賑廳以濟州妓萬德 今朔糧資米錢題 給 啓敎日 散施貲累 賑活飢口 事聞朝廷 問渠所望 則不願受賞 亦不願免賤 所願只 在於涉海上京 轉見金剛云 而仍值極寒不得發向 渠雖賤物 義氣不愧 古之烈俠 開 春間給糧料 直充內醫院差備 待令行首醫女 屬之首醫 各別顧見 見金剛 還送時 分 付治路道臣 優給糧資"

양식이 부족함이 없는지를 살피도록 어명을 내렸을 뿐만 아니라, 출륙(出陸)해 있는 기간에 김만덕의 모든 일용을 돌볼 수 있도록 지시하였다.

김만덕이 자신이 애써 모은 재물을 널리 베풀어 굶주린 사람들을 구휼하지 않았다면 제주라는 변방 지역 백성들의 목숨을 살릴 수 없는 것이었다. 정조(正祖)는 나눔의 정신을 몸소 실천한 김만덕의 구휼 정신에 크게 감동을 받았으리라 사료된다. 정조가 "만덕은 비록 천한 신분이기는 하나, 의로운 기상은 옛날의 열협(烈俠)에 비해 부끄러움이 없다."고 한 것도 이와 무관하지 않은 것이다.

만덕은 마침내 배를 타고 만경창파의 바다를 건너 병진년 가을에 서울에 도착하고 상국(相國)인 채제공을 한두 번 만났다. 채 상국은 만덕이 상경한 사실을 임금께 아뢰니 임금이 선혜청에 명하여 매달 식량을 대주도록 하였다. 며칠 뒤에는 만덕으로 하여금 내의원 의녀를 삼아 모든 의녀들 가운데 반수(班首)로 두었으므로, 예전의 예법에 의거하여 궁궐에 들어가 문안을 드렸다. 궁궐에서 치하하기를 "네가 일개 여인으로 의로운 기상을 일으켜 굶주린 백성들 1000여 명을 구제하였으니 기특한 일이로다."라고 하며 선물로 하사한 것이 많았다.[100]

---

100) 蔡濟恭, 『樊巖集』 卷55, 「萬德傳」. "萬德一帆蹄雲海萬頃 以丙辰秋 入京師 一再見蔡相國 相國以其狀白上 命宣惠廳 月給糧 居數日 命爲內醫院醫女 俾居諸醫女班首 萬德依例 詣內閣門問安 殿宮各以女侍傳敎曰 爾以一女子 出義氣 救飢餓 千百名 奇哉 賞賜甚厚"

정조가 김만덕에게 내의원 의녀들 가운데 으뜸 의녀의 지위를 부여한 것은 그에게 입궐할 수 있는 길을 열어 준 것이기도 할 뿐만 아니라, 위정자의 힘이 직접적으로 미치지 못한 변방 백성들의 목숨을 구제한 그의 선행(善行)에 대한 보답(報答)이기도 한 것이었다. 또한 궁궐의 비빈(妃嬪)들을 위시하여 내명부(內命婦)의 여성들도 김만덕의 이러한 공적을 치하하기 위해 수많은 선물을 하사하였으니, 이는 그가 여성임에도 진정한 대장부들만이 품을 수 있을 의로운 기상을 펼쳐 백성들을 구휼한 것에 매우 감동을 받았기 때문이었다.

정사(丁巳)년 3월에 금강산에 들어가서 만폭동, 중향성의 기이한 풍광을 모두 구경하였다. 금불(金佛)을 만나면 반드시 절을 하였으며 불공을 드리며 정성을 극진히 하였다. 이는 대개 불법(佛法)이 제주도에는 들어오지 않았기 때문에 만덕이 나이 58세에 비로소 사찰과 부처를 구경하였던 것이다. 만덕은 안문령을 넘어서 유점사를 지나 고성으로 내려가서 삼일포에서 배를 타고 통천의 총석정에 올라가 천하의 빼어나게 아름다운 풍광을 다 보았다.[101]

위의 글에서, 김만덕은 꿈속에 그리워하던 금강산 유람을 마음껏 체험하였음을 알 수 있다. 그가 가장 먼저 등림(登臨)한 장소는 금강산의 빼어난 명승지 가운데 만폭동(萬瀑洞)이었으니, 이 지역은 폭포

---

101) 蔡濟恭, 『樊巖集』 卷55, 「萬德傳」. "丁巳暮春 入金剛山 歷探萬瀑衆香奇勝 遇金佛輒頂禮 供養盡其省 蓋佛法不入耽羅國 萬德時年五十八 始見有梵宇佛像也 卒乃踰雁門嶺 由榆岾下高城 泛舟三日浦 登通川之叢石亭 以盡天下瑰觀"

와 연못, 기암괴석(奇巖怪石), 그리고 숲이 어우러져 있어 산수(山水)가 매우 아름다운 풍광으로 널리 알려진 장소이다.

예로부터 금강산에는 유점사를 비롯하여 수많은 사찰이 자리하고 있었는데, 58세 때 금강산에 오른 그가 난생 처음으로 금불(金佛)을 비롯한 금강산의 불교문화를 확인하였으며, 사찰에서 이루어지는 불공(佛供)의 체험을 하기도 한다.

위에서 언급한 총석정은 바다 위에 빽빽히 솟아 있는 돌기둥(叢石) 위에 세운 정자이다. 이곳의 돌기둥 가운데 바다 가운데 있는 사석주(四石柱)가 바로 사선봉(四仙峰)이며, 신라 때 술랑(述郎)·영랑(永郎)·안상랑(安詳郎)·남랑(南郎)의 선도(仙徒)가 유람한 것에서 명칭의 유래를 둔 것이다. 이곳의 절경은 특히 선경(仙景)으로 손꼽혔으므로, 고려시대의 김극기(金克己)·안축(安軸) 뿐만 아니라, 조선시대의 성현(成俔)·이달(李達)·김창업(金昌業)과 같은 시인묵객들이 시문(詩文)과 그림을 남길 정도로 그 풍광이 빼어난 곳이다. 위의 글을 통해 김만덕의 금강산 유람은 산과 계곡 그리고 바다의 풍광을 총망라한 산수(山水) 체험이었음을 알 수 있다.

다시 서울로 올라가서 며칠을 머물렀다. 곧이어 고향으로 돌아가기 위해 궁궐에 들어가 물러감을 고하니 비빈들이 예전에 만났을 때와 같이 선물을 하사하였다. 이때 만덕의 이름은 서울에 온통 알려져서 공경대부들과 선비들이 모두들 한번 만덕이 얼굴을 보기를 원하지 않는 사람이 없었다. 만덕이 제주로 떠날 때 채 상국을 만나 목이 메니, "이승에서는 다시 대감의 얼굴을 뵙지 못할 것입니다."

라고 하니 얼굴에 눈물이 흘러내렸다.

이에 채 상국은 "옛날에 진시황과 한무제가 모두 '해외에 삼신산이 있다'고 하였으며, 또한 세상에서는 '우리나라의 한라산은 바로 그들이 말하는 영주산이고 금강산을 바로 그들이 말하는 봉래산이 아닌가. 그대는 이미 제주에서 자랐으니 한라산에 올라 백록담의 물을 떴으며 금번에는 또 금강산을 두루 구경하였으니, 이것은 삼신산 가운데 두 곳이 이미 그대에게 점령당하지 않았던가, 세상 천하에 수많은 남자들 가운데 이런 복을 누려 본 사람이 어디 있겠는가, 그럼에도 지금 하직에 임해 오히려 여인네의 처량한 모습을 보이는 것은 웬일인가."라고 위로해주었다. 한번 웃으면서 만덕에게 그간의 일을 서술한 「만덕전」을 주었다. 이때는 우리 임금 21년 정사년 하지 무렵이었다. 이글은 번암(樊巖) 채 상국이 78세의 나이에 충간의담헌(忠肝義膽軒)에서 쓴 것이다.[102]

위의 글에 나타나 있듯이, 궁궐의 내명부에 속한 여성 및 조정(朝廷)의 공경대부(公卿大夫)들, 그리고 도성(都城)의 사대부들이 그와 만나는 것을 바랄만큼 김만덕은 온 세상에 널리 그 이름이 알려지게 되었다. 그럼에도 불구하고 그는 귀향하기 위해 하직 인사를 고하는 시간이 되자, 자신이 지나온 세월을 회억하며 만감이 교차되

---

102) 蔡濟恭, 「萬德傳」. "還入京 留若干日 將歸故國 詣內院 告以歸 殿宮皆賞賜如前 當是時 萬德名滿王城 公卿大夫士 無不願一見萬德面 萬德臨行 辭蔡相國 哽咽曰 此生不可復瞻相公顔貌 仍潸然泣下 相國曰 秦皇漢武 皆稱 海外有三神山 世言 我國之漢拏 卽所謂瀛州 金剛卽所謂蓬萊 若生長耽羅 登漢拏 尉白鹿潭水 今又踏遍 金剛 三神之中 其二皆爲若所句攬 天下之億兆男子 有能是者否 今臨別 乃反有兒女子刺刺態 何也 於是 敍其事爲萬德傳 笑而與之 聖上二十一年丁巳夏至日 樊巖 蔡相國七十八 書于忠肝義膽軒"

어 눈물을 흘리고 있다.

그의 눈물을 목도한 채제공은 마지막 인사를 나누며 그에게 격려의 말로 위로하고 있다. 중국 사람들도 매우 좋아하는 삼신산(三神山) 가운데 두 곳에 해당하는 영주산과 봉래산을 이미 오른 김만덕이야말로 범상한 남성들이 평생 이루지 못할 일들을 2가지나 성취한 주인공임을 재인식시키고 있다는 점이 그러하다. 그가 건넨 위로의 말 속에는 보통의 남성들도 실천하기가 쉽지 않은 의로운 기상을 나눔의 정신으로 실천한 여성의 표상이 바로 김만덕이라는 사실을 넌지시 암시되어 있다.

2) 제민 정신에 투영된 인문학적 가치

예로부터 동양에서는 부유한 사람이 세상에 끼친 긍정적인 가치를 높이 평가하여왔다. 창고가 가득 차야 예절을 안다고 인식하였을 뿐만 아니라, 옷과 음식이 넉넉해야 영욕(榮辱)을 안다는 생각하였던 것이다.[103] 또한 군자들이 부유해지면 덕을 행하기를 좋아한다고 인식하였으니, 이는 흔히 연못이 깊어야 물고기가 살 수 있으며, 산이 깊어야 짐승들이 노닐듯이, 사람도 부유해야 비로소 인의

---

103) 司馬遷, 『史記』 卷一百二十九, 「貨殖列傳」第六十九. "倉廩實而知禮節 衣食足而知榮辱"

(仁義)를 행할 수 있다고 여겼다.[104]

　의로운 기상으로 백성들을 살린 바 있는 김만덕의 제민 정신은 이러한 동양 정신에 내재된 인문학적 가치와도 일맥상통하고 있다. 근검절약함으로써 자신의 부를 지킨 김만덕의 삶에서 상도(商道) 혹은 자기 경영의 이치를 확인할 수 있다. 이는 일찍이 사마천(司馬遷)이 『사기(史記)』를 지어 후세의 사람들에게 일깨움을 준 내용과도 다르지 않다.

　　현인(賢人)이 조정에 들어가 일에 깊숙히 간여하거나 정사(政事)에 대해 논의하다가도 믿음을 지키려 절개를 위해 죽는 것이나, 선비가 바위 동굴에 은거하며 세상에 명성을 드러내는 것은 무엇을 위한 것인가? 결국은 부귀를 위한 것이다.
　　따라서 과욕을 하지 않으며 청렴한 관리로 오랫동안 일하다 보면 봉록만으로도 갈수록 부유하게 되는 것이며, 턱없이 비싼 값을 부르지 않는 공정한 장사꾼도 결국 신용을 얻어 부자가 되는 법이다. 부유함이란 사람의 본성이라 배우지 않아도 모두 추구할 수 있는 것이다.[105]

　이 글에서 사마천은 어진 사람들이 나랏일에 간여하거나 때로는

104) 司馬遷, 『史記』 卷一百二十九, 「貨殖列傳」 第六十九. "淵深而魚生之 山深而獸往之 人富而仁義附焉"

105) 司馬遷, 『史記』 卷一百二十九, 「貨殖列傳」 第六十九. "賢人深謀於廊廟 論議朝廷 守信死節 隱居巖穴之士 設爲名高者 安歸乎 歸於富厚也 是以 廉吏久久更富 廉賈歸富 富者 人之情性 所不學而俱欲者也"

절의를 지키기 위해 목숨을 버리는 것이라든지 선비가 은거하며 세상에 명성을 떨치는 것은 대체로 스스로 부유해지거나 스스로 존귀하게 되기 위함이라고 파악하고 있다. 그러나 이렇게 되기 위해서는 비도덕적인 마음을 버리지 않으면 안 된다는 것을 사마천을 강조하고 있는데, 이러한 삶의 자세는 사대부들이나 상인에게 똑같이 적용되는 것으로 파악하였다. 다시 말하면 위의 글은 하늘의 이치에 따라 순리대로 살아가야 부귀해질 수 있음을 나타내고 있다. 사대부들의 경우에는 청렴한 공직 생활이 무엇보다 중요한 것이며, 상인들의 경우에는 공정하게 거래함으로써 신용을 확보하는 것이 무엇보다 중요함을 일깨운 것이 그러하다. 어려운 사람들의 고통을 자기의 것처럼 동정한 김만덕의 마음은 자신의 재산으로 하루 바삐 그들을 도와주고 싶어하는 선(善)한 의지로 가득 차 있었다. 그렇기 때문에 김만덕은 사마천이 언급한 부자의 진정성을 확보한 인물이었다.

농·공·상·고(賈)들이 재물을 모으고 키우는 것 역시 본래 재산을 더욱 늘리려는 것이다. 이렇게 지식과 능력을 다 짜내어 자신의 일을 완성하는 것은 결국 전력을 기울여 재물을 얻기 위한 것이다.
속담에 "백리만큼 먼 곳에 나아가 땔나무를 팔지 말고, 천리만큼 먼 곳에 나아가 곡식을 팔지 말라."라고 하였다. 또한 1년을 살려면 곡식을 심으며, 10년을 살려면 나무를 심으며, 100년을 살려면 덕행을 베풀어야 한다. 덕이란 것은 인물의 됨됨이를 일컫는 것이다.[106]

---

106) 司馬遷, 『史記』 卷一百二十九, 「貨殖列傳」 第六十九. "農工商賈畜長 固求富益貨也 此有知盡能索耳 終不餘力 而讓財矣 諺曰 百里不販樵 千里不販糴 居之一歲

이 글을 통해 사마천은 당시의 직업군(職業群)을 총망라하여 모든 직업 유형에서 공통적으로 지향하는 것은 재산을 늘리는 일임을 밝히고 있다. 심지어 자기들의 지식과 능력을 다 활용하면서 임무를 완성하는 이유도 결국 재물을 얻기 위함이라고 주장하고 있다. 특히 사마천이 "백리만큼 먼 곳에 나아가 땔나무를 팔지 말고, 천리만큼 먼 곳에 나아가 곡식을 팔지 말라."는 속담을 제시한 것은 자기 주변의 일상에서도 얼마든지 재산을 축적할 방법이 있음을 나타내기 위한 것이었다. 김만덕은 자신의 고장에서 생산되는 다양한 제주의 특산물들에 주목하고 그것들을 거래 물품으로 삼았다. 김만덕은 이 속담에 내재된 이치와 똑같은 방식으로 실천함으로써 막대한 부를 모을 수 있었던 것이다.

사마천은 이 글에서 1년을 살려면 곡식을 심으며, 10년을 살려면 나무를 심으며, 100년을 살려면 덕행을 베풀어야 할 것을 주장한 바 있다. 그가 주장한 덕행은 도덕 정신을 실천하는 것임은 물론이다. 사마천은 부자로 사는 것이 중요한 것이 아니라, 도덕성을 갖춘 사람으로 살아가는 것이 중요함을 보여주었다. 이를 통해 사마천은 부자가 도덕 정신을 갖고 살아간다는 것은 금상첨화와 같은 삶임을 일깨우고 있다. 사마천이 예를 들어 보인 경우와 똑같은 모습으로 진정한 부자의 도덕 정신을 갖춘 인물이 바로 김만덕이라 할 수 있다. 김만덕이 존경받는 부자의 삶을 영위할 수 있었던 까닭은 바로 여기에서 비롯된 것이라 할 수 있다.

種之以穀 十歲 樹之以木 百歲 來之以德 德者 人物之謂也"

만일 집은 가난하며 어버이는 늙고 처자식은 연약하며, 때가 되어도 조상에 제사 지낼 수가 없어 남의 도움을 받으면서도 음식과 복장에 스스로 불만족하게 여긴다거나 부끄러운 줄을 모른다면 이는 더 이상 말할 것이 없다. 그래서 재산이 없는 사람은 힘써 일하고, 약간 있는 사람은 지혜를 서서 더욱 불리고, 이미 재산을 많이 가진 사람은 시기를 노려 더 많은 이익을 보려고 한다. 이것이 삶의 진리이다.

생활을 꾸려 나아가는 데에 몸을 위태롭게 하지 않고서 버는 것이야말로 현인들이 힘쓰는 것이다. …(중략)… 간악한 수단으로 부자가 되는 것이 최하의 방법이다. 반면에 세상을 등지고 깊은 산에 사는 것도 아니면서 벼슬을 하지 않으려는 이상한 사람들의 행동이나, 오랫동안 빈천한 지위에 처하면서도 말로만 인의(仁義)를 운운하는 것 역시 부끄러운 일이다.[107]

사마천이 강조한 삶의 이치는 실용적인 가치를 지닌 인문학적 사유에 바탕을 두고 있다는 점이 핵심임을 알 수 있다. 가난한 집안 형편, 노쇠한 부모, 연약한 처자식, 제사를 지낼 수 없는 빈곤함, 남의 도움 없이는 유지하기 어려운 삶을 살고 있는 처지임에도 자기 인생에 부끄러움이 없다거나 거친 음식과 간소한 복장으로 살아감을 불만족하게 여기는 사람에 대해서는 논할 가치가 없다고 한 것은 성실하게 자신의 삶을 꾸려 나아가는 것이 가치 있는 인생임을

---

107) 司馬遷, 『史記』卷一百二十九, 「貨殖列傳」第六十九. "家貧親老 妻子軟弱 歲時 無以祭祀 進釀飲食 被服不足 以自通 如此不慙恥 則無所比矣 是以 無財作力 少有 鬪智 旣饒爭時 此其大經也 今治生不待危身 取給則 賢人勉焉 …(中略)… 姦富最下 無嚴處奇士之行 而長貧賤 好語仁義 亦足羞也"

보이기 위함이었다.

사마천은 자신의 삶을 꾸려 나아가는 최선책을 제시하고 있으니, 몸을 위태롭게 하지 않으면서 돈을 벌어야 함이 그것이다. 이 내용 속에는 과욕을 부리지 말라는 경계의 뜻이 내재되어 있다. 자기 분수에 맞지 않는 일을 할 경우에 자기 몸이 위태로움은 자명한 이치이기 때문이다. 사마천은 자신의 삶을 꾸려 나아가는 최하의 방법이 곧 간악한 수단을 동원하여 부를 모으는 것이라고 하였다. 이를 통해 사마천의 부에 대한 사유에는 항상 도덕 정신이 자리해 있음을 알 수 있다.

중요한 것은 사마천은 빈천한 위치에 처한 사람이 말로만 인의(仁義)를 떠든다는 것을 비판하고 있다는 점인데, 그가 이런 주장을 내세운 데는 이유가 있다. 그것은 진실로 인의(仁義)를 실천한 사람들이라면 반드시 풍족하게 살 수 있는 사회야말로 바로 사마천이 지향하는 이상 사회였기 때문이다. 말로써 인의(仁義)를 주장하기만 하면 아무 소용이 없는 것이었다. 사마천은 겸손한 자세로 인의를 묵묵히 실천하는 사람을 소중하게 여겼던 것이다. 김만덕의 '청부(淸富)', 즉 맑은 부의 실천이 곧 이러한 예에 해당하는 것이다.

무릇 보통의 사람들은 다른 사람이 자기보다 열배 정도 부자이면 그를 헐뜯으며, 백배 정도 부자이면 그를 두려워하며, 천배 정도 부자이면 그의 일을 해주고, 만배 정도 부자이면 그의 하인이 되니, 이것이 사물의 이치이다. 대개 가난에서 벗어나려고 부를 추구할 때, 농업은 공업보다 못하며, 공업은 상업보다 못하다.

수를 놓는 것보다는 시장에 나아가 장사를 하라는 말은 말단의 생업인 장사가 가난한 사람에게는 도움이 된다는 의미이다. …(중략)… 중개업을 하거나 욕심이 많은 상인들은 이자를 높게 받아 본전의 10/3을 벌지만, 별로 많은 욕심을 부리지 않는 상인들은 공정하게 장사를 하여 결국에는 신용을 얻게 되므로 10/5를 벌게 된다. 이 또한 천승의 수레를 가진 제후와 같게 된다. 그것이 대강의 상황이다.[108]

이 글에서 사마천은 재물의 위력에 대해 서술하고 있는데, 재물이 지닌 위력이 나쁜 것이 아니라, 막대한 재물 앞에 무기력해지는 인간의 간사한 행태를 비판적으로 인식하고 있다. 사마천은 냉철한 이성으로 가난을 극복하는 지름길을 제시하고 있으니, 농업은 공업보다 못하며 공업은 상업보다 못하다고 언급한 대목이 그러하다.

예로부터 사농공상(士農工商)은 사민(四民)이라고도 하여 신분의 귀천에 의해 직업의 귀천이 결정되기도 하였다. 다시 말하면 사민에는 상하와 귀천, 그리고 본말이 있었으니, 사·농·공·상의 순서가 그러하였다. 위의 글을 보면 사마천은 이러한 인식의 틀을 깨고 있으며, 오히려 현실에서 실리(實利)를 고려하지 않아서는 안 됨을 주장하였으니, 이러한 사유는 이용후생(利用厚生)의 가치관과 상통되는 것이기도 하다. 따라서 사마천은 부의 인식에 대해 더욱 구체

---

108) 司馬遷, 『史記』 卷一百二十九, 「貨殖列傳」 第六十九. "凡編戶之民 富相 什則卑下之 伯則畏憚之 千則役 萬則僕 物之理也. 夫用貧求富 農不如工 工不如商 刺繡文不如倚市門 此言 末業貧者之資也 …(中略)… 貪賈三之 廉賈五之 此亦比千乘之家 其大率也"

적으로 설명하고 있는데, "수를 놓는 것보다는 시장에 나아가 장사를 하라는 말은 말단의 생업인 장사가 가난한 사람에게는 도움이 된다."라고 한 대목이 바로 그것이다.

물론 사마천도 상업을 '말단의 생업'이라고 언급하기는 하였으나 이론을 앞세우며 탁상공론에 그치고 마는 고루한 사람들과는 달리 상업을 무조건 천시하는 것으로 생각을 가두지 않았다는 점이 중요하다. 상업을 활용하면 삶이 윤택할 수 있다는 것을 제시한 점에서 고루한 사람들과는 매우 차이가 있다. 사람들이 말단의 생업이라고 여겨 상업을 무조건 천시한다면 빈곤한 사람들은 자기 생활에 실질적으로 도움이 되지 않음을 역설적으로 보인 것이다.

김만덕은 스스로 상업에 뛰어들어 삶의 활로(活路)를 개척함으로써 큰 부자가 되었다. 기녀에 안주한 삶이 아니라 여성 상인의 삶을 스스로 선택하여 마침내 막대한 부를 축적한 김만덕의 정신은 사마천의 제시한 부자의 생활 방식과도 다르지 않으며, 이는 또한 실학에서 중시한 이용후생(利用厚生)의 정신과도 상통하는 것이라고 여겨진다.

지금부터 당대에 명성을 날린 현명한 사람들이 재산을 불려 치부한 것을 간략하게 말함으로써 후대의 사람들에게 생각하게 하고 선택하는 데에 참조할 수 있도록 하겠다. …(중략)… 선곡에 사는 임씨의 조상은 독도의 창고지기였다. 진(秦) 나라가 패망하였을 때 호걸들은 모두 앞 다투어 보물을 탈취하였는데, 임씨는 창고의 곡식을 굴 안에다 감추어 두었다.

차후에 초(楚) 나라와 한(漢) 나라가 형양에서 대치하고 있을 때, 백성들은 농사를 지을 수가 없었으므로 쌀 한 섬을 사려면 1만 전이 필요하였다. 먹고 살기 위해서는 곡식이 필요하였으므로 결국 호걸들이 탈취한 보물들은 모두 임씨의 것이 되었다. 부유한 사람들은 사치를 일삼았으나, 임씨는 허세를 버리고 절약하며 검소하게 살며 목축에도 힘썼다. 당시의 사람들은 농사와 목축에 필요한 용품은 싼 것을 샀으나, 임씨는 비싸도 질이 좋은 것을 샀다.

이리하여 임씨 집안은 여러 대에 걸쳐 부유하게 살았다. 그럼에도 임씨는 '내 집의 밭과 가축으로부터 나온 것이 아니면 먹지 않으며, 공적인 일이 끝나지 않으면 술과 고기를 먹지 않는다.'라는 가훈을 지켰다. 그렇기 때문에 그는 마을의 모범 인물이 되었으며, 집안은 더욱 부유해졌으며, 천자까지 그를 존경하였다.109)

사마천이 부의 모범이 된 사례로 제시한 인물은 임씨인데, 그의 일화를 언급함으로써 진정한 부에 대한 개념을 확고하게 정립하고 있다. 진정한 부자는 보통 사람들과 달라서 미래에 일어날 수 있는 일까지도 고려하며 살아간다는 것이다. 그런데 미래에 대한 예측은 항상 현재의 상황에서 그 단서가 있으니, 이러한 부자들은 남들보다 좀 더 심사숙고하여 일처리를 한다는 뜻이기도 하다.

---

109) 司馬遷, 『史記』卷一百二十九, 「貨殖列傳」第六十九. "請略道當世千里之中賢人所以富者 令後世得以觀擇焉 …(中略)… 宣曲任氏之先 爲督道倉吏 秦之敗也 豪傑皆爭取金玉 而任氏獨竊倉粟 楚漢相距滎陽也 民不得耕種 米石至萬 而豪傑金玉盡歸任氏 任氏以此起富 富人爭奢侈 而任氏折節爲儉 力田畜 田畜人爭取賤賈 任氏獨取貴善 富者數世 然任公家約 非田畜所出 弗衣食 公事不畢 則身不得飮酒食肉 以此爲閭里率 故富而主上重之"

위의 글에는 다름 사람들이 보물에 관심을 갖고 있을 때, 오히려 임씨는 보물을 아랑곳하지 않은 채 곡식을 동굴 속에 쌓아 두었다. 후에 농사를 지을 수 없는 사태가 벌어지자, 쌀 한 섬을 사려면 1만 전이 필요할 정도로 곡식이 부족할 때가 닥치니, 이전에 호걸들이 탈취한 보물들은 모두 임씨의 것이 되었다. 부자가 된 다음에도 임씨는 사치를 부리지 않으며 절약하고 검소하게 살았다고 한다. 이로써 진정한 부자는 자신의 자금을 마구 낭비하지 않는다는 것을 알 수 있다.

또한 임씨가 "내 집의 밭과 가축으로부터 나온 것이 아니면 먹지 않으며, 공적인 일이 끝나지 않으면 술과 고기를 먹지 않는다."로 된 가훈을 명심하면서 살았다는 점은 그의 가치관이 도덕성을 중시한다는 뜻이기도 하다. 이와 유사한 사례로 김만덕의 경우를 예로 들면, 그가 항상 절약하며 검소하게 살았을 뿐만 아니라, 도덕성을 중시하였으니, 김만덕 역시 진정한 부자이며 하늘이 낸 부자였음을 알 수 있다. 특히 위의 글에서는 임씨가 마침내 마을을 빛낸 모범적 인물이 되었으며, 천자로부터 존경받은 사실이 잘 나타나 있다. 이러한 점에서 임씨와 김만덕의 생애가 닮아 있다고 하겠다.

처음에 만덕이 서울로 올라왔을 당시에는 윤상국의 소부(小婦)가 사는 처소에 묵었다. 한 달이 지나자 만덕은 돈 1천 5백냥을 싸들고 소부에게 가서 감사의 마음으로 전해주려 하였다. 만덕은 말하기를, "이제 거처할 곳을 정하였습니다. 귀댁에서 감사하게도 오랫동안 편히 머물렀으므로 성의를 표하려 합니다."라고 말하였다.

윤상국의 소부가 웃으며 말하기를, "내가 보답을 바라고 대접하였겠는가?"라고 하니 만덕은 그 돈을 싸가지고 갔다.

며칠 후, 만덕이 길을 가다가 소부의 집에 들러 문안인사를 드리자, 소부가 만덕에게 조용하게 말하기를, "우리 노복들이 말하는데 '만덕이 돈을 사들고 오니 아씨께서 사양하였다고 하네. 그렇다면 당연히 우리와 온종일 즐기며 그 돈을 다 써버렸어야지. 누가 만덕을 여자 의협(義俠)이라 했던가."라고 하였다. 만덕은 말하기를, "재물을 잘 쓰는 사람은 밥 한 그릇으로도 굶주린 사람의 인명을 구할 수가 있으나, 그렇지 않으면 썩은 흙과 같습니다. 더욱이 돈 천 냥을 밥 한 그릇에 비하겠습니까."라고 하였다.

서울에 사는 악한 소인배 가운데 만덕이 재물 많다는 소문을 듣고 접근하려는 사람이 있었으나 만덕은 단호하게 거절하였다. "내 나이가 50이다. 저자들은 내 얼굴을 어여쁘게 여기는 것이 아니라 내 재물이 탐나서 그러는 것이다. 굶주린 사람들을 구휼하기에도 부족한데 어느 겨를에 방탕한 놈을 살찌우겠는가."라고 하였다.110)

위의 글에는 김만덕이 상경하였을 당시의 정황부터 잘 나타나 있는데, 윤 상국(相國)의 소부(小婦) 거처에서 임시로 머물렀던 적이 있었다고 한다. 이때에 김만덕은 자신의 숙식할 자리를 제공하여준

---

110) 李載采, 『五園集』, 「万德傳」. "初万德入京師 客尹相國小婦所 月餘 以錢千五百 往謝曰 今則定舘他所 顧受惠宅上 久矣 敢布鄙誠 小婦笑曰 吾豈食女望報耶 万德 因齎去 後值過 候小婦 小婦從容言曰 聞門下僕使輩謂女既齎錢入門 小君固不受 獨不可與吾曹一日虞飮罷也 誰謂万德女義俠 万德謝曰 善用財者 簞食亦能濟餓人 命 否則糞土也 錢千餘 又豈特簞食也哉 京師惡少 聞万德財雄 欲褻狎之 万德曰 吾年五十餘矣 彼非艷我貌也 艷我財也 吾方且顚連之周恤不贍 奚暇肥蕩子乎 拒 絶之"

그 소부에게 감사의 뜻으로 1500냥의 금전을 선사하려 하였다. 이 금전은 소부가 베푼 은덕에 대한 감사의 마음이 깃든 것이었음을 알 수 있다. 이를 통해 타인에 대한 고마움을 잊지 않으며 살았던 온정(溫情)의 깊이를 헤아리게 된다.

또한 이 글에서는 그가 재물을 함부로 쓰는 인물이 아니어서 재물의 용처에는 항상 명분이 있었다는 점을 보여주고 있다. 위의 글에는 "만덕이 돈을 사들고 오니가 아씨께서 사양하였다고 하네. 그렇다면 당연히 우리와 온종일 즐기며 그 돈을 다 써버렸어야지. 누가 만덕을 여자 의협(義俠)이라 했던가."와 같은 대목이 들어 있다. 이는 그가 의협(義俠)으로 알려져 있다는 사실을 알 수 있을 뿐만 아니라, 속인(俗人)들은 여흥을 위해 돈을 잘 쓰며 세상을 호령하는 사람을 의협으로 잘못 인식하고 있다는 점도 알 수 있다.

김만덕은 속인들이 생각하는 그러한 의협이 아니었다. 따라서 그는 재물을 잘 쓰는 사람은 밥 한 그릇으로도 굶주린 사람의 인명을 구할 수가 있으나, 그렇지 않으면 썩은 흙과 같다고 말하고서 더욱이 돈 천 냥을 밥 한 그릇에 비할 수가 있겠느냐고 반문하였던 것이다. 주지하다시피 김만덕을 의협이라고 일컫는 까닭은 그가 늘 이러한 생각을 견지하고 있어서, 굶주림에 지쳐서 가장 목숨이 위태로운 백성들에게 곡식을 나누어 주어 그들의 목숨을 살렸기 때문이었다.

속인들 가운데는 이러한 만덕의 깊은 사유를 알지 못하는 사람들이 더 많았으니, 마음씨 나쁜 소인들이 만덕의 재물 많다는 소문을 듣고 접근하려 했다는 일에서 그러한 사실을 확인할 수 있다. 만덕은 마음씨 나쁜 소인들을 향해 조소(嘲笑)한 바 있으니, "내 나이가 50이다. 저자들은 내 얼굴을 어여쁘게 여기는 것이 아니라 내 재물이 탐나서 그러는 것이다. 굶주린 사람들을 구휼하기에도 부족한데 어느 겨를에 방탕한 놈을 살찌우겠는가."라고 한 것이 바로 그것이다. 이 글에서는 바른 일에만 자신의 재물을 쓰겠다는 굳은 각오가 돋보이고 있으니, 이를 통해 올곧은 심성을 바탕으로 형성된 것이 김만덕의 맑은 부(淸富)임을 알 수 있다.

무릇 근검절약하고 부지런히 일하는 것은 부자가 되는 바른 길이다. 그런데 부자는 반드시 독특한 방법으로 남보다 앞선 것이다. 농사는 재물을 모으는 방법으로 그리 뛰어난 직종은 아니지만, 진양(秦揚)은 농사를 지어 지역에서 제일의 부자가 되었다. …(중략)…
행상은 대장부에게 천한 일이나, 옹낙성(雍樂成)은 장사를 하여 부자가 되었다. 연지(臙脂)를 파는 것은 부끄럽기는 하나, 옹백(雍伯)은 이로써 천금을 얻었다. 술장사는 하찮은 것이나, 장씨(張氏)는 천만금을 벌었으며, 칼 가는 것은 보잘 것 없는 기술이나, 질씨(郅氏)는 그것으로 돈을 벌어 제후처럼 반찬 솥을 늘여놓고 식사를 할 정도로 부자가 되었다. 양의 위장을 말려서 만든 음식을 파는 것은 단순하고 하찮은 장사이나, 탁씨(濁氏)는 기마 수행원까지 거느리는 신분이 되었다. 말의 질병을 치료하는 것은 특별한 의술은 아니지만, 장리(張里)는 그것으로 돈을 벌어 식사할 때 제후처럼 종(鐘)을 치며 연주하는 음악을 곁들였다.
이러한 경우는 그들이 모두 똑같이 성실한 마음으로 힘썼기 때문이었다. 이로써, 부자가 되는 길은 정해진 직업이 없으며, 재물도 일정한 주인이 없다. 재능이 있는 사람에게 재물이 모이며, 못난 사람에게 재물은 기왓장 흩어지듯이 재물이 흩어진다. 천금의 부자는 한 도읍의 군주와 대등하며, 수만금을 모은 사람은 왕처럼 즐거웠다. 이야말로 진정한 소봉(素封)이 아니겠는가.[111]

이 글에서 사마천은 부자가 될 수 있는 방법에도 '정도(正道)'가 있으니, 이를 실천함으로써 진정한 부자가 될 것을 일깨우고 있다. 그가 말하는 '정도'란 근검절약하고 부지런히 일하는 것이었다. 이렇게 하여 부자가 된 사람은 자기의 신분에 상관없이 항상 자존감(自存感)을 지닐 수 있으며 도덕심(道德心)을 견지할 수 있다고 여겨진다.

또한 사마천은 남보다 앞선 부자들의 삶을 예로 들어 보여주고 있는데, 진양(秦揚)·옹낙성(雍樂成)·옹백(雍伯)·장씨(張氏)·질씨(邠氏)·탁씨(濁氏)·장리(張里)의 경우가 그러하다. 그들의 생업은 특수한 분야는 결코 아니었으니, 매우 하찮은 일들이 많으며 길거리에서 혹은 일상생활을 하는 동안 자기 주변에서 쉽사리 볼 수 있는 일들이었다. 그럼에도 이런 일들을 통해 그들이 막대한 부를 축적할 수 있었던 까닭은 그들 모두 똑같이 성실한 마음으로 힘썼기 때문에 가능한 것이었다. 그렇기 때문에 사마천은 부자가 되는 방법이라고 특별히 정해놓은 직업은 없을 뿐만 아니라, 이 세상의 모든 재물 역

---

111) 司馬遷, 『史記』卷一百二十九, 「貨殖列傳」第六十九. "夫纖嗇筋力 治生之正道也 而富者必用奇勝 田農拙業 而秦陽以蓋一州 …(中略)… 行賈丈夫賤行也 而雍樂成以饒 販脂辱處也 而雍伯千金 賣漿小業也 而張氏千萬 洒削薄技也 而邠氏鼎食 胃脯簡微耳 濁氏連騎 馬醫淺方 張里擊鍾此 皆誠壹之所致 由是觀之富 無經業 則貨無常主能者輻湊 不肖者瓦解千金之家 比一都之君巨萬者乃與王者同樂 豈所謂素封者邪非也"

시 정해놓은 주인이 따로 없다고 말한 것이다.

사마천이 재능이 있는 사람에게는 재물이 모인다고 말한 것은 자신의 능력을 실천에 옮기는 성실함을 전제로 한 것이다. 또한 그가 못난 사람에게는 재물도 기왓장 흩어지듯이 사라져버린다고 말한 것은 도덕적인 인격을 갖추지 못한 옹졸한 부자가 되어서는 안 된다는 것을 일깨우기 위함이다. 김만덕은 사마천이 강조한 이 두 가지, 즉 자신의 능력을 실천에 옮기는 성실함뿐만 아니라, 도덕적인 인격을 갖춘 올곧은 부자였던 것이다.

'만덕'이란 사람은 제주의 기생으로 성은 김씨였다. 우리나라는 공사간(公私間)에 천한 사람은 성을 쓰지 않았다. 그래서 다만 '만덕'이란 이름만 불렀다. 원래 양가의 딸이었으나 10여 세가 되었을 때 부모를 여의고 창기의 집에 고용되었다. 자색(姿色)이 있어 관부에 예속된 기생에 뽑혔으며 기예를 배울 때는 무엇이든 다 잘 하였다. 또한 성격이 활달하여 장대한 기상이 있었다.

배를 만들고 다스리는 일에 능통하여 다른 곳의 쌀과 양곡을 사다가 점포를 차려 놓고 판매를 한 덕에 삿갓과 말갈기가 쌓여 돈이 많았으며 풍족하였다. 을묘년, 제주도에는 흉년이 닥쳐 백성들이 기아에 허덕이자 임금께서 그들을 가엾게 여겨 내탕전의 돈을 풀어 바다 인접 땅에서 쌀을 사다가 구제해주었다.

이에 만덕은 탄식하며 말하기를, "이 세상 사람들 모두 나의 동포이거늘 하물며 같은 섬에 살고 있는 사람들임에랴? 또한 재물이란 몸 밖의 물건이니 벌 때와 쓸 때를 알아야 하거늘 내 어찌 돈밖에 모르는 수전노가 되어 내 눈 앞에서 굶어죽는 사람들을 보고 구

제하지 않겠는가."라고 하였다. 만덕은 돈을 풀어 쌀을 사다가 수
천 명의 목숨을 살렸다.[112]

이 글에서는 김만덕이 막대한 부를 축적하게 된 연유가 잘 나타
나 있다. 상선(商船)의 효용에 대해 익히 알았던 그가 다른 지역의
쌀과 양곡을 구입하여 자신의 점포에 두고 이를 판매할 때 거두어
들인 삿갓과 말갈기와 같은 제주 특산물로 교역을 했기 때문에 재
물이 풍족할 수 있었다. 그런데 김만덕은 그 풍족한 재물을 자신의
욕구를 충족시키는 데에 소비하지 않았다. 이는 그가 항상 다른 사
람들의 형편을 헤아리며 자선의 마음을 견지하며 살았기 때문이다.

큰 흉년이 들었을 당시에, 그는 자기 주변에서 가난한 이웃이 굶
어죽는 사태가 발생할 무렵, "재물이란 몸 밖의 물건이니 벌 때와 쓸
때를 알아야 하거늘 내 어찌 돈밖에 모르는 수전노가 되어 내 눈 앞
에서 굶어죽는 사람들을 보고 구제하지 않겠는가."라고 다짐하며 자
신의 재산을 내놓아 기근으로 고통당하는 백성들을 살릴 수 있었다.

나와 남을 구분하지 않으며 똑같은 동포이기에 모두 소중한 목숨
임을 인식하는 김만덕의 사유에는 사람의 생명을 소중히 여기고 그
들을 평등하게 대하는 마음이 내재되어 있다고 하겠다. 사람을 항

---

112) 李勉昇, 『感恩編』 卷3, 「萬德傳」. "萬德者 耽羅妓 金姓也 我國公私 賤不用姓
故以萬德名 本以良家女 十余歲失怙恃爲娼家傭貰 有姿色 仍選隸府妓 學技藝盡
善性 又不拘 有丈夫氣 善治産造船 而貿遷米 設舖而販賣 簦笠積貨 頗饒 乙卯歲
大侵島民飢 上憫之發內帑錢 輸沿海粟以賑之 萬德喟然曰 四海皆吾同 況一島乎
且財外物也 聚散有時 吾肯爲守錢奴 立視飢且死而不之恤乎 於是傾貲易米 所全
活者數千人"

상 소중한 존재로 인식하는 그의 내면에는 인문학적 가치가 자리하고 있음을 알 수 있다.

지난 알봉(갑인년), 전몽(을묘년)의 해에, 고을에 큰 기근이 발생하니 임금께서 말씀하시기를, "아! 즉시 호조판서에게 명하여 내탕전을 내어 목사와 방백에게 분부 내려 호남 영남의 곡물 실은 배를 운송케 하여 먹이도록 하라."라고 하였다. 곧이어 제주 사람들은 굶주린 자들은 배부르고 병든 사람들은 낫게 되었는데, 사나운 폭풍과 거친 파도 때문에 더러 창고에 양식을 대주는 일이 제때에 이루어지지 않기도 하였다.

만덕이 슬퍼하며 말하기를, "백성들이 봇도랑, 골짜기 처박혀 죽게 생겼는데 나라에서 부지런히 구휼하려 해도 이렇게 되니, 내가 감히 가지고 있는 것을 바닥내어야 되지 않겠는가. 굶주린 사람들을 구제함으로써 우러러 임금님 뜻의 만분의 일이라도 분담해야 할 것이 아니겠는가."라고 하였다.

곧바로 만덕은 비축해둔 600곡을 내놓아 진휼하여 온 고을의 백성들이 열흘 동안의 목숨을 연장할 수 있었다. 고을에서 이 사실을 보고하니 임금께서는 이를 가상하다고 여기시며 고을에 명을 내리시어 그 공에 대해 원하는 것으로 상을 주라고 명하였다.

만덕은 고개를 숙이고 사양하며 말하기를, "부역을 덜어주신 것을 원치 않으며, 상을 받는 것도 원치 않습니다. 저는 천인이며, 바다의 섬에 태어나 도성의 궁궐이 얼마나 큰 지, 도성 안의 사람들이 얼마나 잘 사는지 못 보았습니다. 또한 들으니, 금강산은 명승지로 천하에 제일이기에 신선이 살며, 중국 사람들도 보기를 소원한다고 하니, 이 몸이 상경하여 유람하며 이 발로 명승지를 밟는 것이 저의 오랜 소원입니다."라고 하였는데, 임금께서 이를 허락하셨다.

　이 해 겨울 11월, 만덕이 바다를 건너 서울에 오니, 임금께서 매우 칭찬하시며 행수 의녀에 충원하셨다. 이어 명년 봄의 멋진 유람에 대해 말씀하시며 진휼청의 돈과 쌀을 주도록 명하셨으며, 길에 인접한 지역의 관리에게 신칙하여 필요한 양식을 주라고 명하셨다. 또 신 등에게 명하시여 이 일에 대해 입전하여 후세의 사람들에게 보이도록 하라고 하셨으니, 이는 대개 특별한 은혜였다.

　대체로 베풀기를 좋아하고 궁핍한 사람들을 구제하는 것은 남자들도 하기 어려운 일이며, 명승지를 유람하는 것 또한 현달한 사람들도 하기 어려운 것이다. 범씨의 '보리 실은 배', 황공의 '조미(糶米)', 용문의 명산대천, 영빈 소철의 '황하', '숭악'은 천고의 세월동안에 듣기조차도 매우 어려운 것들인데, 만덕은 '바다 섬의 창기'라는 천한 신분으로 능히 이를 겸하여 가졌으니, 모르긴 해도 태사씨(사마천)의 열전에 이러한 일이 있는가 없는가, 이러한 사람은 전기문이 없을 수 없는 것이어서 마침내 이 전기(傳記)를 쓰게 되었다.[113]

---

113) 李義發, 『雲谷先生文集』 卷8, 「萬德傳」. "粵在閼逢旃蒙之歲 州大饑 上曰 咨乃命大農 發內帑錢 申命牧伯 移湖嶺粟船 載往哺之 於是羅之人 飢者飽 病者蘇而颿風鯨濤 或未免繼廩失期 萬德慨然曰 民方溝瘠 而國家之勤恤若是 余敢不罄吾所有 濟我飢口 以仰體聖意之萬一乎 乃出所儲六百斛 以賑之 以延一州民旬日之命 州以事聞 上嘉之命下于州 賞其功惟所願 萬德稽首謝曰 蠲役非願也 受賞非願也 妾賤人也 生在海島 不見王都宮闕之壯 城郭人民之富 又聞金剛 以名勝甲天下 仙子之所居 華人之所願見也 身遊上京 足躪名區 是妾夙昔之願也 命許之 是年冬十一月 萬德涉海至京師 上亟加褒異 俾充行首醫女 仍語明春壯遊 命賑廳給錢米 飭沿路 賜資糧 而又命臣等 立傳以示後 盖殊典也 夫喜施濟窮 丈夫之所難 壯觀名勝 亦賢達之未易致者 如范氏之麥舟 黃公之糶米 龍門之名山大川 潁濱之黃河嵩嶽 千古罕聞 以萬德 以海島倡妓之賤 能兼而有之 則未知太史氏列傳 亦有是否 此不可以無傳 遂爲之傳"

제주의 기근을 해결하려는 조정의 노력에도 불구하고 제주와 도성은 거리가 매우 멀기 때문에 그런 일이 생기면 즉시 해결하지 못하는 경우도 발생할 수 있었다. 김만덕은 이러한 정황을 미리 헤아렸으므로 구휼 활동을 행할 수 있었던 것이다. 그의 심정은 위의 글 가운데 "백성들이 봇도랑, 골짜기 처박혀 죽게 생겼는데 나라에서 부지런히 구휼하려 해도 이렇게 되니, 내가 감히 가지고 있는 것을 바닥내어야 되지 않겠는가. 굶주린 사람들을 구제함으로써 우러러 임금님 뜻의 만분의 일이라도 분담해야 할 것이 아니겠는가."라고 한 대목에 잘 반영되어 있다.

그의 구휼은 사람을 살리고자 하는 간절한 마음에서 행한 일이었기 때문에, 끝내 그는 이 일에 관해서 그 어떤 물질적 보상을 바라지 않았던 것이다. 따라서 그는 다만 바다의 섬에 태어났기 때문에 도성의 궁궐이 얼마나 큰 지, 도성 안의 사람들이 어떻게 살고 있는지 못 보았으므로 도성에 가기를 원하였던 것이다. 또한 신선이 산다고 여겨서 중국 사람들도 유람하기를 원한다고 하는 금강산에 가는 것을 원하였던 것이다. 다시 말하면 그는 상경하여 유람하며 천하의 명승지를 밟는 것이 숙원(宿願)이었던 것이다.

이 두 가지 소원 가운데 첫 번째 소원인 도성의 궁궐에 입시하기 위해서 그는 내의원 행수 의녀의 지위를 받게 되는 영광을 입게 된다. 중요한 것은 위의 글에서 작가도 언급한 바와 같이, 궁핍한 사람들을 구제한 것은 대체로 남자들조차 실행으로 옮기기가 매우 어려운 일이며, 명승지를 유람하는 것 역시 현달한 사람들도 실행하기가 매우 어려운 일임에도 김만덕이 이를 실행했다는 점에 그의 드높은 정신문화를 짐작할 수 있다. 그렇기 때문에 이글의 작가는 소철(蘇轍)을 비롯한 중국의 역대(歷代) 명사(名士)들을 전고로 하여 제주 기생이었던 김만덕 역시 그들과 비견될 만한 빼어난 정신세계를 지녔음을 보여주었다.

만덕이 한숨 쉬며 말하기를, "제주는 서울과 거리는 3천리이며, 바다에 둘러싸여 있는데 해마다 흉년이 들으니 백성들이 죽게 되었다. 임금께서 자리에 편하지 않으시지도 못하며 근심을 많이 하시는데, 내 비록 천하나 그래도 조물주가 만드신 사물이라서 임금님 땅에 살고 임금님 땅에서 먹으니, 나마저 외로운 백성들을 먹이지 아니하면, 후손에 대한 대책이 없겠다."라고 하였다. 그리하여 6백 곡을 내어 진휼하니 제주 백성들이 열흘 동안이나 연명할 수 있었다. …(중략)… 규장각의 글 잘 하는 신하들에게 명하시어 전기문을 짓도록 하여 이 일을 호강스럽게 하셨다.

태사공은 "황승사가 만 곡을 진휼하여 신선세계의 진인들이 상좌에 모셨다."라고 하였다. 만덕은 일개 여인으로 만 명의 굶주린 사람들을 살리고 도성 구경을 하고 봉래산에도 올랐으니, 어찌 여자로써 가섭과 교유하며 중생들에게 자비를 베푼 것이 아니겠는가. 세상 사람들은 티끌이 가득한 절구 안에서 싸우며, 조그만 이해관계를 비교하느라 머리 하나를 절구 밖으로 내놓지 못하고 한 발자국도 움직이지 못하면서 이 여인을 비웃을 수 있는가. 사람이 어려운 일을 당할 때 급히 달려가는 높은 의기로 보아 만덕을 협사전(俠士傳) 속에 넣는다고 하더라도 부끄럽지 않을 것이다.[114]

---

114) 金熙洛, 『故寔』 卷4, 「奉敎製進萬德傳」. "喟日 羅距京百舍 海環年歉民將劉 聖上側席憂勤 吾雖賤猶化中物 居王土 食王土 吾弗粟民獨島 子孫計罄 其有出賑

이 글에서는 백성을 살린 김만덕의 제민 정신이 나라의 앞날을 염려하고 충성을 다하고자 하는 마음, 즉 우국충정(憂國衷情)에서 비롯된 것임을 보여주고 있다. 해마다 흉년이 들게 되어 제주 백성들은 기근으로 인해 죽으니, 이러한 사태를 수습하려는 군주의 마음은 왕좌에 있어도 편하게 좌정할 수 없을 것이며 온통 근심이 가득 채워져 있을 상황임은 명약관화(明若觀火)와 같이 분명한 것이었다.

이러한 상황에서 자신은 조물주가 만들어주신 사람으로 태어나서 군주의 땅에 살고 군주의 땅에서 먹고 있는 만큼, 자신 또한 이러한 고통 받는 백성들을 먹여 살리는 것이 당연한 이치라고 생각하였다. 만일 그렇게 하지 않는다면, 앞으로 자라날 후세대에 대한 대책을 세우기가 어려울 것이라는 그의 생각이 바로 나라의 앞날에 대한 우국충정과도 무관하지 않은 것이다.

위의 글에서 구휼을 실천한 김만덕의 자비로운 마음은 부처의 제자인 가섭존자(迦葉尊者)와 동류(同類)의 마음이라고 칭송하고 있다. 또한 이글의 작가는 김만덕의 구휼에 대해서는 죽어가는 사람에게 급히 달려가 살려주는 그의 삶은 매우 의로운 것이므로, 협사(俠士)의 전기(傳記)에 들어가도 좋다고 언급하였다. 중요한 것은 이글의 작가가 대개의 세상 사람들은 속인(俗人)처럼 살고 있음을 보여주고 있다는 점이다. 작가에 의하면, 세상 사람들은 티끌이 가득한 절구

六百斛 羅民得延一旬 …(中略)… 命奎閣詞臣 作傳以侈之 太史公曰 黃承事 賑萬斛 紫府眞人 延之上座 萬德 以一女 活萬飢 觀京師 陟蓬萊 豈與女迦葉遊 慈悲衆生乎 世人役塵臼 較錙銖不能出一頭 行一步得無爲 此女所笑耶 急人高義 雖置俠士傳中 無愧色矣"

안에서 싸우며, 조그만 이해관계를 비교하느라 머리 하나를 절구
밖으로 내놓지 못하고 한 발자국도 움직이지 못한 채 살고 있는 것
이다.

　베풂보다는 사리사욕(私利私慾)에 급급하며 살아갔던 그들은 나
눔의 기쁨을 알지 못할 뿐더러 구휼 활동을 하면서 고양되는 정신
적 가치를 깨닫지 못하였던 것이다. 김만덕은 이러한 속인들과는
천양지차(天壤之差)와 같이 달랐기 때문에 '맑은 부'를 실천하며 살았
던 것이다. 김만덕의 제민 정신이 앞으로도 대대손손(代代孫孫)에 걸
쳐 계승되어야 하는 이유가 바로 여기에 있다.

제 3 부

한국 여성의 미래

김만덕

1
김만덕의 한국여성사적 위상

1) 현대 김만덕 전기류(傳記類) 출간의 의미

(1) 가문의 계보와 가족 관계 고증

김만덕 당시에 출간된 그의 전기(傳記)는 출생부터 성장까지의 내용이 매우 간략하게 서술되어 있다는 점이 특징적이다. 그 한 예로 채제공의 「만덕전(萬德傳)」에서는 "만덕의 성은 김씨이며, 탐라에 사는 양가의 딸이었다. 어려서 어머니를 여의고는 돌아가 의지할 곳이 없어 기생의 집에 의탁해 살았다. 조금 자라나자 관가에서 만덕의 이름을 기안(妓案)에 올렸다."라고 서술되어 있으니, 그 당시 다른 작가들의 작품들도 이러한 내용에서 크게 벗어나 있지 않다.

20세기 이후에 출간된 「김만덕전(金萬德傳)」에는 그의 가계를 상세히 다루고 있다는 점에서 이와 대비된다. 실존 인물인 김만덕에 대한 자료 고증을 토대로 제작된 현대의 발표 작품에서는 가계(家系)

또한 상세히 기술하고 있다.115)

① 만덕은 영조 15년(1739년) 제주성 부근에 거주하던 김응렬(金應
  悅)의 자녀 3남매 중의 외동딸로 태어났는데, 그는 어렸을 적부
  터 남달리 아름답고 귀여웠으므로 가정은 비록 가난했으나, 만
  덕 어린이를 중심으로, 온 집안이 단란하고 부모의 마음도 언제
  나 흐뭇하였다.

                    ― 김태능, 「의녀(義女) 김만덕전(金萬德傳)」

② 지금부터 2백20년 전인 영조(英祖) 중엽. 제주읍 동쪽으로 육십
  리 가량 떨어져 있는 바닷가에는 동복(東福) 마을이라는 반농반
  어(半農半漁)의 조그마한 촌락이 있었다. …(중략)… 소녀의 이
  름은 김만덕(金萬德). 이 마을에서 삼대째 살아오는 김응렬(金
  應悅)이라는 시골 선비의 이남일녀(二男一女) 중의 고명딸이었
  다. 동복 마을 사람들은 자고로 부지런하기 짝이 없어서, 이 마
  을에서는 남녀노소를 막론하고 아침이면 바다에서 해초를 한
  짐씩 따오기 전에는 조반을 먹지 않는 풍습이 있었다.

                    ― 정비석, 「제주기(濟州妓) 만덕(萬德)」

---

115) 김만덕의 증조는 성순(性淳), 조(祖)는 영세(永世), 부(父)는 영조 때 사람으로
   응렬(應悅)이요, 오라버니는 만석(萬碩)이며, 조카는 성집(聲集)인데, 양손(養孫)
   시채(時采)는 성집의 아들이다. 시채는 종진(鍾晉)과 종주(鍾周) 두 아들이 있었는
   데, 종주는 헌종 때로부터 철종 때에 거쳐 제주영리(濟州營吏)를 지낸 사람이었다
   (김태능, 「의녀(義女) 김만덕전(金萬德傳)」, 『김만덕 자료총서Ⅰ』, 도서출판 각,
   2007, 38~39쪽).

③ 김만덕의 본관은 김해이다. 만덕은 영조 15년(1739년) 아버지 김응렬(金應悅)과 어머니 고씨(高氏) 사이에서 제주성내에서 태어났다. 위로는 만석(萬碩), 만재(萬才) 두 오빠가 있었다. 비록 가난하였으나 선비의 집안으로 증조부는 성순(性淳)이고 조부는 영세(永世)로서 응선(應先), 응남(應男), 응신(應信), 응렬(應悅) 4형제 분들이었다. 만덕은 자애로운 부모님과 두 오빠의 귀여움 속에서 자랐다.

– 김봉옥, 「김만덕전(金萬德傳)」

④ 김만덕은 영조 15년(1739, 을미), 제주성(濟州城) 안의 가난한 농가에서 태어났다. 아버지의 이름은 김응렬(金應悅)이었으니, 경주 김씨의 집안이다. 오라버니 만석(萬碩)과 오라비 만재(萬才)가 있었으니, 2남 1녀 중의 가운데에서 자랐다. 집은 비록 가난하였으나 지체있는 집안이었으며, 만덕은 어렸을 때부터 아버지의 심부름을 곧잘 하였으며, 오라버니 만석과 동생 만재의 할 일까지도 도맡아 하곤 하였다.

– 양중해, 「김만덕의 자선」

⑤ 정조 때의 문신 채제공이 지은 『번암집』에 기록된 선행(善行)의 제주 여인 만덕은 아버지 김응렬(金應悅), 어머니 고씨에게서 태어났다. 1750년 전국을 휩쓴 전염병으로 부모를 잃고 기녀의 수양딸로 갔다. 만덕이 일도 잘하고 노래와 춤과 거문고도 잘하자 기녀는 만덕을 역시 기녀로 만들려고 하였다. 만덕은 본래 양인(良人)의 딸로서 기녀가 되기 싫었으나 어쩔 수가 없는 형편이었다.

– 이순구, 「굶주린 백성을 살린 사업가」

위에서는 3남매의 외딸116)로 태어난 김만덕 가문의 계보에 대해 기술하고 있다. 예로부터 제주 지역에서는 딸 낳는 것을 좋아했는데, 상선에 뽑혀 나간 남자들이 멀고 험한 바닷길에서 죽는 일이 많았기 때문이라고 한다.117) 위에서 김태능은 김응렬118) 부부 슬하의 3남매 가운데 외딸로 태어난 김만덕이 단란한 가정에서 부모형제가 행복한 생활을 하는 모습을 보여주었다. 가난한 삶이 가정의 화목을 방해하는 것이 결코 아니며, 행복은 반드시 물질적인 것에 있는 것이 아니라 정신에 달려 있음을 알 수 있다. 정비석은 김만덕이 성실한 시골 선비의 집안에서 성장하였음을 소설을 통해 보여주고 있다. 차후에 김만덕이 막대한 재산을 구휼을 위해 기부한 것도 선비의 어진 마음에서 비롯된 것임을 알 수 있다.

　　김봉옥은 김만덕의 부모에 대해 그 성명을 기술함은 물론이며 3

---

116) 1948년에 제작되고 1989년에 개편된 김해 김씨의 족보에는 김응렬과 고씨 사이의 1남 1녀 외딸로 기록되어 있다고 한다(정창권, 『거상 김만덕, 꽃으로 피기보다 새가 되어 날아가리』, 푸른숲, 2006, 29쪽).

117) 정창권, 『거상 김만덕, 꽃으로 피기보다 새가 되어 날아가리』, 푸른숲, 2006, 135쪽.

118) 이 가문의 본관은 경주 김씨였는데, 김만덕의 비문에는 김해 김씨로 되어 있다. 김해 김씨는 혈통이 상이한 세 계통으로 나뉘어져 있다. 김만덕의 아버지 김응렬은 경순왕의 후인 김녕군 김시흥의 후손 가운데 김해 김씨파에 속하며, 속칭 '후김(後金)'이라 일컫는다. 김녕과 김해는 오랜 유래가 있는 동명이므로, 김녕 김씨들 가운데 자신의 본관을 김해 김씨라고 지칭하는 계파도 생겨났다. 제주에 거주하는 김녕 김씨와 같은 입도조(入島祖)의 후손인 김해 김씨는 임금의 윤허를 받아 1846년에 원래의 본관인 경주 김씨를 되찾았다. 만덕의 동기 후손들의 본관은 경주 김씨라고도 하는데, 그 계통을 세분하면 김녕 김씨계의 김해 김씨였던 것이다(김태능, 「의녀(義女) 김만덕전(金萬德傳)」, 『김만덕 자료총서 I』, 도서출판 각, 2007, 39~40쪽).

대에 걸친 가문의 계보를 성명까지 포함하여 상세하게 기술하고 있다. 이를 통해 김만덕이 원래 천민의 소생이 아니라 양가의 딸이었음을 입증하고 있다. 양중해 역시 가난하여도 지체 있는 가문의 딸이 김만덕임을 보여주고 있다. 이순구는 김만덕의 부모에 대한 성명을 기술하였을 뿐만 아니라 그가 기생이 된 이유는 전염병으로 부모를 잃었기 때문이라고 서술하고 있다.

이순구 역시 그가 천민의 딸이 아니었음에도 어쩔 수 없이 기녀가 되었음을 보여주었다. 김만덕은 어쩔 수 없이 기생이 되었으나, 기생이라는 신분이 그에게는 오히려 전화위복(轉禍爲福)의 길이 되어 입지전적인 인물로 성장할 수 있는 계기가 되었다. 마침내 그는 가부장적 권위와 불평등한 사회 속에서도 여성의 존재 이유를 몸소 실천하여, 모두가 더불어 살기를 희망한 위대한 여성[119]으로 성장하였다.

(2) 제주 여성의 정체성 부각

20세기 이후의 김만덕 전기류에서는 제주 삼다(三多)의 가혹한 환경을 극복하고, 제주 삼무(三無)의 이상향을 구현해낸 제주인의 표본적 삶의 의지[120]를 심어준 인물로 김만덕의 이미지를 설정하여

---

119) 이경채, 『세상을 빛낸 위대한 여성 – 김만덕』, 나무처럼, 2010, 97쪽.
120) 양중해, 「김만덕의 자선」, 『김만덕 자료총서 I 』, 도서출판 각, 2007, 186쪽.

제주 여성의 정체성을 부각시킨다는 점이 특징적이다. 현길언의 작품에서 김만덕은 제주의 목민관을 감화시키고 제주 민중을 헌신적 사랑으로 돌보는 인물로 그리고 있는데, 제주 공동체와 더불어 살아 숨 쉬는 인물[121]로 나타나 있다. 그의 성공이 지닌 의미는 오랜 세월 동안 고생에 시달렸던 제주 여성들의 한(恨)이라든지 이루지 못한 꿈이 실현된 것이나 다름없다고 할 수 있다.

① 만덕은 철이 들면서부터 자기 앞 일을 깊이 생각하였고, 특히 아녀자로서 한 평생을 어떻게 살아가야 좋은가를 생각해 보기도 하였다. 그 때마다 어머니가 살았을 때 자주 들려준 곽지리 김천덕(金天德) 열녀(烈女) 이야기가 불현듯이 떠올랐다. …(중략)… 또 효성이 지극하여 80이 넘은 부친을 봉양하였는데 부친이 병으로 눕자 의상(衣裳)을 풀지 아니하고 밤낮으로 시약(侍藥)하니 동네 사람들은 천덕의 열(烈)과 효(孝)에 감복하지 않은 이가 없었다.

선조 10년(1577년)에 임진(林晉) 목사는 이를 조정에 아뢰어 표창하고, 그의 아들 백호(白湖) 임제(林悌)는 크게 감동하여 「김천덕전」을 엮어서 후세에 전하도록 하였다는 것이다. 만덕의 어머니는 김천덕의 이야기를 들려주며 여자의 정절(貞節)은 목숨보다도 소중함을 일깨워 주었다.

　　　　　　　　　　　　　　　　　　- 김봉옥, 「김만덕전(金萬德傳)」

---

121) 고명철, 「해설 - 대동세상을 향한 김만덕의 만덕(萬德)」, 『섬의 여인, 김만덕 - 꿈은 누가 꾸는가』, 물레, 2012, 376쪽.

② 어머니가 들려준 김천덕(金天德) 열녀 이야기는 그녀의 머리에서 떠나지 않았다. 김천덕은 본래 하인의 아내였다. 어느 해 남편이 배 침몰로 죽자 3년 동안 머리를 풀고서 제사를 지냈다. 그 후에 부모가 다시 시집 보내려 하자, 목을 매어 죽으려 하여 끝내 그 뜻을 꺾을 수 없었다. 이러한 열녀 이야기에 감동을 받은 만큼 만덕은 기녀로서 기예(技藝)를 할 뿐 방만한 생활은 하지 않았다.

                     – 이순구, 「굶주린 백성을 살린 사업가」

위의 두 작품에서는 열녀이자 효녀로 살았던 김천덕을 자신의 삶의 규준으로 삼아 자신의 행실을 늘 성찰한 인물이 김만덕이었음을 보여주고 있다. 이 두 작품들을 통해 김천덕의 강한 도덕 정신이 불평등한 당시의 사회구조 속에서도 제주 여성의 정체성 확립에 기여할 수 있었던 김만덕의 내면을 비추는 거울로 작용하였음을 알 수 있다. 김만덕은 이미 어린 시절에 어머니로부터 김천덕의 정절에 대한 미담(美談)을 들으며 정절이 매우 소중하다는 것을 알고 있었던 것이다.

만덕이 기녀가 되던 해(영조 33년) 정의사람 김천종(金千鍾)의 처 오씨(吳氏)가 남편이 병으로 눕게 되자 밤낮으로 간병하였다. 남편의 병이 점점 무거워지자 목욕재계하고 하늘에 남편 대신 죽기를 축원하다가 드디어 남편이 죽자 그녀도 스스로 목을 매어 죽었다. 만덕은 그 이야기를 들으면서 눈물을 흘렸다. 절개를 생명보다 소중히 여긴 여인들을 생각하면서 자신도 그러한 처지에 놓인다면 그러하리라 마음먹었다. 그러나 기생에게 절개란 거리가 먼 것이라 여기

는 사람도 많았다. 만덕은 그 모두가 마음먹기에 달린 것이라 생각
하고 스스로 정결한 기녀로서 처신할 것을 굳게 다짐하였다.[122]

20세기 이후에 발표된 김만덕 전기류 가운데 김봉옥의 작품에는
김만덕이 생존하던 당시에 또 한 명의 특출한 여성이 등장하여 김
만덕의 삶에 롤모델로 작용하고 있으니, 그가 바로 오씨 부인이었
다. 오씨 부인은 병든 남편을 위해 밤낮을 가리지 않고 정성껏 간병
하였음에도 병세가 호전되지 않자, 마침내 스스로 목숨을 끊음으로
써 정절을 간직한 채 자신의 일생을 마감하였던 것이다. 이러한 사
실을 목도한 김만덕은 정절이야말로 그 무엇보다도 소중한 것임을
깨닫고 자신 또한 굳은 정절의 마음으로 살아가리라 다짐하게 된
다. 김봉옥의 「김만덕전(金萬德傳)」은 김천덕과 오씨 부인 모두 김만
덕에게는 삶의 방향을 인도하는 롤모델이었음을 보여준 것이 특징
적이다.
　김만덕은 극한의 불행에서 일어나, 극상의 행복을 이룩해낸 강인
한 제주 여인의 삶의 본보기[123]를 보여준 인물이다. 예로부터 제주
의 여인들 가운데 해녀로 살아간 여인들이 대부분이었으니, 그들의
삶 또한 바다 속으로 잠수할 때의 고통을 감수하며 노동하는 삶에
서 이룬 강인한 여성의 정체성을 지니고 있다. 김만덕의 정신력은

---

122) 김봉옥, 「김만덕전(金萬德傳)」, 『김만덕 자료총서Ⅰ』, 도서출판 각, 2007, 120쪽.
123) 양중해, 「김만덕의 자선」, 『김만덕 자료총서Ⅰ』, 도서출판 각, 2007, 187쪽.

평원왕[131]의 딸로 알려진 평강 공주가 여기에 해당된다.

평강 공주는 어렸을 때 수시로 울었기 때문에 그럴 때마다 평원왕은 바보 온달에게 시집보내겠다고 하여 울음을 그치게 하였다.[132] 16세 때 부왕(父王)이 왕족의 가문에 출가시키려 하자 평강 공주는 부왕의 말을 거역하고 궁궐을 뛰쳐나와 온달을 찾아가 혼인하였다.[133] 뿐만 아니라 온달에게 학문과 무술을 가르쳐 고구려에서 제일가는 장군이 되게 하였다.

평강 공주와 관련된 일화에는 인재를 기르는 능력이 부각되어 있다. 평강 공주의 탁월한 재능은 남편인 온달을 장군의 지위에 오르게 하는 조력자(助力者)의 힘으로 발휘되었던 것이다. 고구려 시대의 평강공주는 남편에게 내조함으로써 평천하(平天下)를 도모하는 여성상

---

131) '평강'이란 이름은 '평강상호왕(平崗上好王)'에서 따온 것인데, '평강왕'은 공주의 부친인 평원왕의 이칭으로 쓰였다. 따라서 평강공주는 평강왕의 딸이라는 의미에서 불리어진 명칭이다.(『三國史記』卷 第十九「高句麗本紀」第七. "平原王 或云平崗 上好王")

132) 金富軾, 『三國史記』卷 45,「列傳」第5,〈溫達〉. "平原王少女兒 好啼 王戲曰 汝常啼聒我耳 長必不得爲士大夫妻 當歸之愚溫達 王每言之"

133) 金富軾, 『三國史記』卷 45,「列傳」第5,〈溫達〉. "及女年二八 欲下嫁於上部高氏 公主對曰 大王常語 汝必爲溫達之婦 今何故改前言乎 匹夫猶不欲食言 況至尊乎 故曰王者無戲言 今大王之命謬矣 妾不敢祗承 王怒曰 汝不從我教 則固不得爲吾女也 安用同居 宜從汝所適矣 於是公主以寶釧數十枚 繫肘後出宮獨行 路遇一人 問溫達之家 乃行至其家 見盲老母 近前拜 問其子所在 老母對曰 吾子貧且陋 非貴人之所可近 今聞子之臭 芬馥異常 接子之手 柔滑如綿 必天下之貴人也 因誰之侜 以至於此乎 惟我息不忍飢 取楡皮於山林 久而未還 公主出行 至山下 見溫達負楡皮而來 公主與之言懷 溫達勃然曰 此非幼女子所宜行 必非人也 狐鬼也 勿迫我也 遂行不顧 公主獨歸宿柴門下 明朝更入 與母子備言之 溫達依違未決 其母曰 吾息至陋 不足爲貴人匹 吾家至寠 固不宜貴人居 公主對曰 古人言 一斗粟猶可春 一尺布猶可縫 則苟爲同心 何必富貴然後可共乎"

이라 할 수 있다. 역대의 한국 여성들은 대체로 자신의 뛰어난 능력으로 내조에 힘쓴 조력자의 모습을 보이고 있는데, 평강공주의 삶이 그러한 예에 해당하는 것이다.

통일신라 문무왕(661~681) 때, 광덕(廣德)과 엄장(嚴莊)이란 숨어 사는 두 사문(沙門)이 있어서 서로 친하게 지내고 있었다. 그들은 평소 먼저 극락에 가게 될 때에는 서로 알리자고 약속하였다. 광덕은 분황사 서쪽 마을에 숨어서 신발 만드는 것을 생업으로 하며 가족과 살았고, 엄장은 남악에 암자를 짓고 농사를 지으며 살았다. 어느 날, 해가 고요히 저물었을 때 창 밖에서 "나는 이미 서방으로 가니 그대는 잘 있다가 빨리 나를 따라오게"라고 하는 광덕의 소리가 들렸다. 엄장이 문을 열고 나가 보니 구름 밖에서 하늘의 음악 소리가 들리고 광명이 땅에 뻗쳐 있었다.

다음날 엄장이 집에 찾아가 보니 과연 광덕이 죽어 있었다. 이에, 광덕의 아내와 함께 장례를 마치고 나서 엄장이 그녀에게 이르기를, "남편이 죽었으니 나와 함께 사는 것이 어떠하오?" 하였다. 그 아내가 허락하여 마침내 함께 살게 되었다. 밤에 잠자리에 들어 엄장이 정(情)을 통하려 하자 그녀가 말하기를, "그대가 서방 정토에 가기를 바라는 것은 나무 위에 올라가 물고기를 얻으려는 것과 같습니다."라고 하였다.

엄장이 놀라며, "광덕도 이미 같이 살았었는데 나는 어찌 안 되겠소?" 하고 물었다. 그녀가 단호히 말하기를, "광덕이 나와 십여 년을 동거하였으되 아직 단 하룻밤도 잠자리를 같이 하지 않았거늘, 어찌 더러운 짓을 하리오? 다만, 밤마다 단정히 앉아 일념으로 아미타불의 이름을 부르고, 십육관(十六觀 : 왕생극락하기 위해 닦

는 16가지 관법)을 지어서, 이미 진리에 달관하여 밝은 달이 창에
비치면 그 빛에 정좌하였소. 그 정성이 이와 같았으니 비록 서방정
토에 가지 않으려고 해도 달리 어디로 가리오. 무릇 천리를 가는
자는 그 첫걸음으로써 규정할 수 있으니, 지금 그대의 신앙은 (서
방 정토가 아닌) 동방으로 가고 있는 것은 아닙니까?"

　엄장이 부끄러운 마음으로 물러나와 곧 원효 대사에게로 가서
가르침을 간절히 구하자, 원효 대사는 정관법(淨觀法: 번뇌·망상
을 맑히는 관법)으로 지도하였다. 엄장은 마음을 깨끗이 하고 뉘우
쳐 자책하며 일심으로 관법(灌法)을 수행하여, 마침내 극락정토로
왕생했다.[134]

　통일신라 때, 광덕의 부인은 깨달은 사람의 삶을 추구한 선각자
의 모습을 보여준 여성이었다. 주위 사람으로 하여금 자신의 욕망
마음을 제거하도록 일깨우는 선각자의 면모를 보이고 있다. 광덕의
부인은 자신의 남편인 광덕의 예를 들어가며 엄장에게 일깨우고 있
으니, 그 내용은 욕망을 없애야 서방 정토로 갈 수 있는 깨달음의
길이 열린다는 내용이었다.

---

134) 一然, 『三國遺事』卷5, 「感通」第7, 〈廣德 嚴莊〉. "文武王代 有沙門名廣德嚴莊
　　二人 友善 日夕約日 先歸安養者須告之 德隱居芬皇西里 蒲鞋爲業 挾妻子而居 莊
　　庵棲南岳 大種力耕 一日 日影拖紅 松陰精暮 窓外有聲 報云 某已西往矣 惟君好住
　　速從我來 莊排闥而出顧之 明日歸訪其居 德果亡矣 於是 乃與其婦收骸 同營蒿里
　　婦日可 遂留夜宿將欲通焉 婦靳之日 師求淨土 可謂求魚緣木 莊驚愧問日 德旣乃爾
　　子又何妨 婦日 夫子與我 同居十餘載 未嘗一夕同床而枕 況觸污乎 但每夜瑞身正坐
　　一聲念阿陁佛號 或作十六觀 觀旣熟 明月入戸 時昇其光 加趺於上 竭誠若此 誰欲
　　勿西奚往 夫適千里者 一步可規 今師之觀可云東矣 西則未可知也 莊愧赧而退 便詣
　　元曉法師處 懇求津要 曉作鐥觀法銹之 藏於是潔己悔責 一意修觀 赤得西昇"

처럼 매우 큰 저택을 짓게 되었다. 이로 인해 주위에서는 식구도 단출한데 왜 그리 크게 짓느냐는 말까지 들었다. 이때 약봉의 어머니는 말하기를, "우리가 비록 지금은 단출하지만 반드시 훗날에는 창성(昌盛)하여 이집도 비좁을 날이 올 것이다. 내가 죽으면 복(服)을 입을 사람들만 해도 이 정도의 집으로는 모자랄 것이다."라고 하였다.[136] 약봉의 어머니가 주위 사람들을 경탄하게 한 일이 있었으니, 그 한 예로는 도목수의 실수로 큰 기둥이 거꾸로 세워진 것을 지적하여 바로 세우게 하였던 일화가 남아있다.

약봉의 어머니가 예견했던 바와 같이, 약봉 이후로 운조(運祚)가 크게 열려 집안이 흥왕(興旺)하였다. 약봉의 맏아들인 서경우는 우의정, 차남인 서경수는 종친부전첨, 서경빈은 현감, 서경주는 선조의 사위가 되어 모두 현달하였다. 21세 때 과부가 된 약봉의 어머니는 77세의 수를 누리며 조정에 등용된 아들, 손자, 증손이 수십 명에 이르렀으니, 자손으로 인한 기쁨으로 여생의 나날을 보냈던 것이다. 약봉의 후세에 문과 급제자는 121명이나 배출되었는데, 3대 상신(相臣)으로는 서종태, 서명균, 서지수가 있으며, 3대 대제학으로는 서유신, 서영보, 서기순이 있으며, 3대 학자로는 서명응, 서호수, 서유구 등이 있다. 이와 같이 약봉의 가문은 역대 가장 빼어난 명문의 하나가 되었다.[137]

위의 글에서, 약봉의 어머니는 앞날을 내다보는 혜안을 지닌 여인이었음을 보여주고 있다. 그가 서울의 약전현(藥田峴)에 규모가 큰 저

---

136) 그 당시의 목수들이 큰 집을 지을 때 기둥 몇 개를 거꾸로 세우면 자기들은 재수가 있으며 집주인은 해를 입는다는 말을 믿었기 때문에 이러한 일이 일어났다고 한다.
137) 大邱徐氏 斂楸公派 安東宗會, 『蘇湖軒』, 大譜社, 2008, 65~76쪽.

택을 지은 까닭은 훗날 이 집을 가득 채울 후손들의 자리가 필요하리라 예견하였기 때문이었다. 이러한 그의 생각은 적중하여 조정에 등용된 아들, 손자, 증손이 수십 명이었다. 77세의 수를 누린 그가 만년의 시기에는 이러한 후손들이 저택의 공간을 가득 메웠던 것이다.

맹인으로 살았던 약봉 서성의 어머니는 젊은 나이에 과부가 되었음에도 신체적 제약을 감내한 채 온갖 고통을 인내하며 음식[138]을 만들어 팔아 자식을 키우는 일에 헌신하였던 여인이었다. 그가 이와 같이 스스로 고생을 자처한 것은 자식을 잘 키우는 것이야말로 나라를 위해 자신이 해야 할 일임을 자각하였기 때문이라고 사료된다. 이러한 약봉의 어머니의 삶에서는 선각의 여성상을 발견할 수 있다. 그의 생각은 적중하여 약봉은 나라를 위해 혼신을 다한 인재로 살았으며, 약봉의 학문 역시 율곡의 가르침을 계승하는 유학자의 위상을 확립할 수 있었다.

지금까지 문헌에 나타난 선각의 여성상에 대해 살펴본 바, 평강공주의 경우는 남편의 조력자로 활약한 면이 두드러지는 가운데, 내조(內助)를 통해 타고난 재주와 기량을 발휘한 인물이었음을 알 수 있다. 일연선사가 광덕 부인의 일화를 기록할 뜻은 깨달음에는 남녀의 구분이 없으며 깨달은 여인이 추구해야 할 일은 주변 사람들을 제도(濟度)하는 것임을 일깨우고 있다. 휘세 홍서봉의 어머니는 나와 남 모두 똑같이 소중한 존재임을 자각하였으므로 남들이 상한 고기로 인해 재앙이 미치지 않기를 바라는 마음으로 공동선을

---

138) 약식, 약과, 약주와 같은 식품의 이름도 약봉의 어머니가 그를 뒷바라지하기 위해 만들어 팔았던 식품의 맛이 특별하였기 때문에 명명된 것이다.

실천한 인물이었다.

약봉 서성의 어머니는 5세 때 시력을 잃은 맹인이었음에도 과부로 살며 자신의 처지를 비관하지 않은 채 나라를 위해 할 수 있는 일은 자식을 인재로 기르는 것이라고 자각함으로써 이를 위해 혼신을 다한 인물이었다. 김만덕의 경우, 기생의 화려한 삶에 의미를 두지 않고서 오로지 사람다운 삶을 살아야 함을 자각할 수 있었기 때문에 거상(巨商)으로 성공할 수 있었다. 이러한 그의 자각은 깨달은 자의 남다른 인품에서 비롯된 것이라 할 수 있다.

(2) 정절(貞節)의 여성상(女性像)

예로부터 한국 여성들이 가장 소중하게 인식한 것 가운데 정절의식은 그 핵심으로 자리하고 있다. 백제시대 도미의 부인은 개루왕의 권세에 아랑곳하지 않은 채 불굴의 정신으로 자신의 정절을 지킨 여인으로 알려져 있으니, 그 내용을 간추리면 다음과 같다.

도미의 부인은 백제 사람인데 그 성계(姓系)는 모른다. 도미는 비록 오두막집의 소민(小民)이나 자못 의리를 알고 그의 부인 역시 아름답고 절행이 있어 그 당시의 사람들이 칭송하는 바가 있었다. 개루왕이 이를 듣고 도미를 불러 말하기를, "무릇 부인의 덕은 정결을 앞세우더라도 만일 사람이 없는 깊숙한 곳이라면 그럴 듯한 말로 꾀어서 마음이 움직이지 않는 자가 거의 없을 것이다."라고 하였다. 도미는 임금에게 아뢰기를, "사람의 심리란 측량하기는 어렵겠사오나, 신의 아내와 같은 사람은 죽을지언정 변함은 없을 것이옵니다."라고 하였다.

왕은 그를 시험하려고 도미를 끌어내어 일을 보내게 하고 임금은 의복과 거마로 차비를 하고 밤중에 그의 집에 가서 사람을 시켜 먼저 왕의 행차를 알리게 하였다. 도미의 부인에게 이르기를, "나는 오랫동안 너의 아름다움을 들었는데, 도미와 더불어 내기를 하여 너를 차지하게 되었다. 다른 날에 너를 맞아들여 궁인을 삼겠노라. 이제부터 너는 나의 소유물이니라."라고 하였다. 이윽고 임금이 도미의 부인을 범하려고 드니 부인이 아뢰기를, "임금께서는 농담이 없으신 법인데 제가 감히 순종하지 않겠사옵니까. 대왕께서 먼저 방에 들어가 계시오면 제가 옷을 갈아입고 나오겠사옵니다."라고 하고 물러나와 여종을 단장시켜 들여보냈다.

임금은 속은 것을 알고 크게 노하여 도미에게 일부러 죄를 내려 그의 눈을 빼버리고 사람을 시켜 끌어내 작은 배를 태워 강 위에 띄웠다. 그리고는 도미의 부인을 끌어와 강제로 범하려 하니 그 부인은 아뢰기를, "지금 남편을 잃고 독신이 되어 혼자 살아갈 수 없는데 하물며 왕을 모시게 되었으니 어찌 감히 명령을 어기겠사옵니까. 지금 달거리를 하여 몸이 더러우니 내일 목욕재계하고 오겠사옵니다."라고 하니, 임금은 이 말을 믿고 그 뜻을 들어주었다.

도미의 부인은 그 길로 도망쳤는데 강가에 이르자 건너가지 못하니, 하늘에 울부짖으며 통곡하였다. 갑자기 조각배 하나가 물결을 따라 앞으로 다가와서 그 배를 타고 천성도에 이르러 남편을 만나게 되었다.[139]

---

139) 金富軾, 『三國史記』 卷 48, 「列傳」 第8, 〈都彌〉. "都彌 百濟人也 雖編戶小民 而頗知義理 其妻美麗 亦有節行 爲時人所稱 蓋妻王聞之 召都彌與語曰 凡婦人之

백제 시대 개루왕(재위 128~166년)은 도미의 부인을 궁으로 불러 유혹했지만 그녀가 마음을 바꾸지 않자 화가 난 임금은 도미의 두 눈을 뽑은 후 유배를 보냈음에도 결국 남편을 만날 수 있었다. 열녀가 훌륭한 이유[140]는 대장부도 쉽게 결단하기 어려운 선택을 장렬하게 실천했기 때문이다.

도미의 부인이 추앙을 받는 이유는 '열(烈)'은 지킬만한 가치가 있는 소중한 정신임을 몸소 보여주었기 때문이다. 위의 설화를 모태로 한 박종화, 최인호의 현대 소설 작품의 창작되기도 하였으니, 이는 여인의 정절 의식이 고금을 초월하여 사람의 마음을 움직이기 때문이라고 사료된다. 위의 글은 오륜의 근본인 부부의 도리를 일깨워줌으로써 불의에 타협하지 않으며 살았던 강인한 여성의 삶을 조명한 것이기도 하다.

정절 의식은 기생이나 사대부가(士大夫家)의 규수에게 모두 소중한 것임을 보여주고 있는 작품이 바로 고려 시대의 동인홍(動人紅)이 지은 〈스스로 읊다(自敍)〉 시이다. 동인홍(動人紅)의 〈스스로 읊다(自敍)〉 시에서, "기생집의 여인과 양갓집 여인에게 그 마음 어찌 다른

德 雖以貞潔爲先 若在幽昏無人之處 誘之以巧言 則能不動心者 鮮矣乎 對日 人之情 不可測也 而若臣之妻者 雖死無貳也 王欲試之 留都彌以事 使一近臣 假王衣服馬從 夜抵其家 使人先報王來 謂其婦日 我久聞爾好 與都彌博得之 來日入爾爲宮人 自此後 爾身吾所有也 遂將亂之 婦日 國王無妄語 吾敢不順 請大王先入室 吾更衣乃進 退而雜飾一婢子薦之 王後知見欺 大怒 誣都彌以罪 矐其兩眸子 使人牽出之 置小船泛之河上 遂引其婦 强欲淫之 婦日 今良人已失 單獨一身 不能自持況爲王御 豈敢相違 今以月經 渾身汚穢 請俟他日 薰浴而後來 王信而許之 婦便逃至江口 不能渡 呼天慟哭 忽見孤舟 隨波而至 乘至泉城島 遇其夫未死掘草根以喫遂與同舟 至高句麗𣊵山之下 麗人哀之 丐以衣食 遂苟活 終於羈旅"

140) 이숙인, 『정절의 역사』, 푸른 역사, 2014, 326쪽.

지 물어볼거나. 가련치만, 지켜가는 이내 절개는 하늘에 맹세코 죽
더라도 다른 뜻 없다네(倡女女良家 其心問幾何 可憐栢舟節 自誓死靡他)."
라고 읊었다. 자신의 정절은 목숨과도 같은 것이기에 이를 잘 간직
하고 사는 인생에 의미가 있음을 나타내었다. '정절'은 기생이나 사
대부가문의 규수뿐만 아니라, 평민 여성들도 소중히 간직한 정신이
었는데, 다음의 글에서 이를 확인할 수 있다.

    이웃에 병졸(兵卒) 한 사람이 살았는데, 멀리 변방을 지키러 집
을 떠났다. 이때부터 그 병졸의 부인은 가시나무 울타리를 두르고
자신의 정절을 지켰다.
    오랜 시일이 지난 뒤, 남편이 밤중에 돌아 왔다. 그러나 그의 부
인을 문을 닫은 채 열어 주기를 거부하며 말하기를, "어두워 구별
할 수 없는데 갑자기 문을 연다면 어찌 십년 동안 문을 닫고 지켜온
의리이겠습니까? 야은 선생께서 이 사실을 들으시면 또 어떻게 생
각하시겠습니까?"라고 하였다. 야은 선생께서 사람들에게 교화를
미침이 이와 같았다.[141]

    위의 글에서는 선산 지역에 사는 병졸의 부인이 정절을 지킨 사
실을 바탕으로 미담(美談)을 소개하고 있다. 이 글은 절의(節義)를 실
천하며 살았던 야은(冶隱) 길재(吉再, 1353~1419)의 덕화(德化)가 이 고

---

141) 『冶隱先生續集』卷之下, 「附錄」, 〈彙纂麗史儒學傳〉. "隣有一卒遠戍 其妻棘籬
    自守 久之 卒夜歸 妻闔戶拒之日 暮夜難辨 遽開此門 豈十年牢關之義耶 吉爺聞之
    亦以爲何如 其化之及人者如此"

가 김천덕을 칭송함으로써 정절과 효성의 인물임을 입증한 바 있
다.144) 부영근의 경우, 백호 임제는 고결하게 자신을 지킨 김천덕의
정신을 강조한 것으로 파악하였다.145) 다음의 글에서는 정절을 지키
기 위해 목숨까지 잃은 제주 여성의 삶을 주제로 하고 있다.

　　홍의녀(洪義女)는 아전인 홍처훈(洪處勳)의 딸이다. 1777년에 내
가 죄인으로서 이곳에 안치되었을 때, 의녀는 나의 적소를 출입하였
다. 1781년에 제주목사가 의녀를 미끼삼아 내 죄를 꾸미고자 의녀를
문초하였다. 혈흔이 낭자하여 죽게 되었지만, 의녀는 '공의 목숨이
나의 죽음에 있다'고 하며 불복하고, 형틀에 매달려 순절한 것이 그
해 윤 5월 15일이다. 그 뒤 31년이 흘러 내가 임금의 은총을 입어
이곳에 방어사로 오게 되었다. 여기에 묘비문을 지어 기리노라.

瘞玉埋香奄幾年	옥 같던 그대 얼굴 묻힌 지 몇 해던가
誰將爾怨訴蒼旻	누가 그대의 원한을 하늘에 호소할 수 있으리.
黃泉路邃歸何賴	황천길은 먼데 누굴 의지해 돌아 갔는가
碧血藏深死亦綠	진한 피 깊이 간직하고 죽고 나도 인연은 이어졌네.
千古芳名衡杜烈	천고에 높은 이름 열문에 빛나리니
一門雙節弟兄賢	일문에 높은 절개 모두 어진 자매였네.
烏頭雙闕今難作	아름다운 두 떨기 꽃 글로 짓기 어려운데
靑草應生馬鬣前	푸른 풀만 무덤에 우거져 있구나.

---

144) 소재영, 「임제의 '남명소승'고」, 『어문연구』 통권 제9호, 한국어문교육연구회,
　　1975, 427쪽.

145) 부영근, 「백호 임제의 남명소승 연구」, 『영주어문』 제12집, 영주어문학회, 2006,
　　118쪽.

덧붙이기를, 홍랑(洪娘)은 나의 재앙을 늦추기 위하여 목을 매어 죽었다. 또 그 언니는 참판 이형규(李亨逵)의 부실(副室)이었는데, 이공이 죽자 역시 독약을 먹고 순절하였다.[146]

위에서 '홍의녀(洪義女)'란 의로운 여성으로 그 명성이 알려진 홍윤애인데, 『정헌영해처감록(靜軒瀛海處坎錄)』[147]의 저자이기도 하며 제주목사를 지낸 바 있는 조정철(趙貞喆, 1751~1831)의 후실(後室)이다. 일찍이 그가 제주에 유배되어 있을 당시에 홍씨 부인은 그를 연모하여 섬겼으며 딸을 낳은 바 있다. 그가 정적의 모함으로 죽을 위기에 처하였을 때, 그를 대신하여 모진 고문을 받았는데, 이로 인해 결국 목숨을 잃었던 것이다.

차후에 유배지에서 풀려난 조정철은 제주목사로 부임하기를 자청하여 다시 제주에 와서 홍씨 부인의 묘에 비석을 세워 자신의 비문을 남겼으며, 자신의 딸에게 재물을 보태어 주기도 하였다. 홍씨 부인의 죽음을 애도하며 지은 비문의 찬시에는 그의 정신을 열녀의 높은 절개로써 추숭하고 있다. 홍씨 부인의 정절은 자손만대에 걸쳐 길이 계승되는 고결한 정신으로 자리하고 있는 것이다.

지금까지 문헌에 나타난 정절의 여성상에 대해 살펴본 바, 도미의 부인과 선산에 살았던 평민의 부인, 제주에 살았던 김천덕과 홍

---

146) 趙貞喆, 「洪義女之墓碑銘」.
147) 『靜軒瀛海處坎錄』은 29년간 유배생활을 했던 조정철이 제주 유배 당시 쓴 글을 모아 엮은 책이다. 조정철은 해배 후 더 높은 관직으로 나갈 수 있었음에도 제주목사를 자청하여 다시 제주에 오게 된다.

윤애의 삶에서 읽을 수 있는 여인의 의열(義烈) 정신은 고금을 초월하여 뭇 사람들에게 감동을 주기 때문에 그들은 도덕 정신의 상징이자 교화를 주는 인물로 자리할 수 있었다.

김만덕의 경우, 기생의 삶에서 벗어나 막대한 부를 축적하고 살았음에도 자신의 몸가짐을 바르게 하고 홀로 살며 의로운 일을 실천하였다. 이로써 김만덕의 여성상은 바른 마음과 바른 몸가짐은 둘이 아님을 실천한 인물이란 점이 특징적이다. 이로써 김만덕의 내면에 지리한 정절 의식을 확인할 수 있을 뿐만 아니라, 고양된 그의 격조까지도 확인할 수 있는 것이다.

(3) 자존(自存)의 여성상(女性像)

설죽(雪竹)은 15세기 말엽부터 16세기 초엽에 활약한 여성으로 한시에 탁월한 재능이 있었다. 그러나 그는 다른 여류 작가들과는 달리, 노비(奴婢)의 신분으로 살다가 면천(免賤)된 인물이었다. 경상북도 봉화에서 성장한 설죽은 본래 석천(石泉) 권래(權來, 1562~1617)[148]의 시청비(侍廳婢)로 살았는데, 천부적인 시재(詩才)와 남다른 인품으로 사대부들을 감읍(感泣)시켜 마침내 노비의 신분에서 벗어났다.

그의 아우인 한죽(寒竹)과 칠송(七松) 역시 글재주와 사람됨이 남달랐는데, 설죽이 아우들에게 보낸 한시[149]를 통해 이러한 사실을

---

148) 석천은 봉화 출신의 대학자인 충재(冲齋) 권벌(權橃, 1487~1547)의 손자이다.

149) 현전하는 설죽의 한시 116수 가운데 〈次寒竹韻〉, 〈登鼉嶺次七松〉 등이 그러한

확인할 수 있다. 설죽과 그 아우들로 미루어 보건대, 작품성은 신분 계층의 높낮이에 따라 평가되는 것이 아니라, 타고난 재능과 작가 의 인품에 따라 좌우된다는 것을 알 수 있다.[150]

곡 만 성 진 사 석 전
哭挽成進士石田　석전 성 진사의 영전에 곡하며 올린 만시

적 막 서 호 쇄 초 당
寂寞西湖鎖草堂　서호의 초당 문 닫혀 적막하고
춘 대 무 주 벽 도 향
春臺無主碧桃香　봄 누대에 주인이 없어 푸른 복사꽃만 향기롭네.
청 산 하 처 매 호 골
靑山何處埋豪骨　호걸의 뼈는 푸른 산 어디에 묻혀있는지
유 유 강 류 불 어 장
唯有江流不語長　오직 강물만이 말없이 흘러가네.

위의 시는 설죽이 석천(石泉)의 시청비(侍廳婢)로 있을 때, 도성(都城)에서 석전(石田) 성로(成輅, 1550~1616)를 위시한 여러 사대부들이 석천의 집에서 유숙(留宿)하던 당시에 지어진 것이다. 유숙하던 사대부들은 설죽이 시를 잘한다는 말을 듣고, 그에게 석전의 생전(生前) 만시(挽詩)를 한번 읊어서 좌중(座中)의 사대부들을 감동케 하라고 권하였다.[151]

이때 설죽이 즉흥으로 지은 시가 바로 위의 작품인데, 좌중의 사

예에 해당된다. 설죽이 아우들에게 보낸 한시는 현재 20수가 남아있다.

150) 李貞和, 「설죽 한시에 투영된 내면의식의 제양상 연구」, 『한국사상과 문화』 72집, 한국사상문화학회, 2014, 83쪽.

151) 『白雲子詩稿』, 「雪竹事蹟」. "時座客咸曰 爾能生輓成 使之淚下 …(中略)… 一座 皆悽然淚下"

<table>
<tr><td>빈 녀 음
貧女吟</td><td>가난한 여인의 노래</td></tr>
<tr><td>수 파 금 전 도
手把金剪刀</td><td>손으로 가위를 잡고 옷감 잘라내면</td></tr>
<tr><td>야 한 십 지 직
夜寒十指直</td><td>추운 밤이라 열 손가락이 굳어지네.</td></tr>
<tr><td>위 인 작 가 의
爲人作嫁衣</td><td>시집가는 남을 위해 옷을 지으면서도</td></tr>
<tr><td>연 년 환 독 숙
年年還獨宿</td><td>오히려 나는 해마다 혼자 잠드네.</td></tr>
</table>

이 시는 가난한 여인의 뼈아픈 현실을 형상화한 것이 특징적이다. 허난설헌은 자신이 겪고 있는 삶의 고뇌가 매우 컸기 때문에 이 시를 통해 가난한 여인의 고뇌를 시화함으로써 자신의 불행한 삶 또한 이처럼 가난한 여인의 그것과 다를 바 없음을 보이고 있다. 역으로, 이 시는 가난한 사람에 대한 박애(博愛)의 미를 시화한 것이기도 하다.

지금까지 문헌에 나타난 자존의 여성상에 대해 살펴본 바, 설죽 및 허난설헌의 삶과 시정신을 통해 이러한 면모를 확인할 수 있었다. 설죽은 탁월한 시인적 자질을 발휘하였기 때문에 노비의 신분에서 면천된 인물이 되었다. 중요한 것은 노비의 신분에서 면천된 이후 속박된 환경을 벗어난 그가 일생동안 자존 의식을 견지하고 살았다는 점에 있다. 허난설헌의 경우, 명문장가(名文章家)로 명성을 드날린 가문에서 생장하였으나 자녀들의 죽음을 비롯하여 혼인한 뒤에 겪게 된 온갖 어려움에 직면할 때마다 여느 여인들처럼 자신의 신세를 한탄하며 살기 보다는 자존 의식을 잃지 않는 의연함을 지니며 살았다. 김만덕이 스스로 기생의 화려한 생활을 달가워하지 않아 결국 상업으로 진로를 바꾼 연유는 어린 시절부터 부모의 슬하에서 함양해온 자존 의식이 발현되었기 때문이라고 사료된다. 이와 같이 자존 의식은 인간의 가치 있는 삶이 무엇인지를 찾을 수 있는 힘이 될 수 있다.

(4) 구국(救國)의 여성상(女性像)

우리 나라 역대 여성 가운데 위태롭게 된 나라를 구하기 위해 혼신을 다한 인물로 주논개(朱論介, 1574~1593)를 손꼽을 수 있다. 용모는 비록 여인이었으나, 그의 의로운 행동은 대장부의 기상과 다를 바 없었다. 오히려 대장부라고 하더라도 이와 같이 결단력 있게 행동하기가 쉽지 않음은 물론이다.

이곳은 임진왜란 당시 나라에 충성을 다한 논개의 출생지이다. 논개의 성은 주씨이고 호는 의암이며 의암이라는 호는 그녀가 순국한 후 나라에서 내린 것이다. 그녀는 일찍이 장수 현감 최경회(崔慶會)를 모시는 몸이었다. 최경회는 1592년 임진왜란이 일어나자 전라우도의 의병장으로 큰 공을 세워 이듬해 경상우도 병마사가 되어 진주성으로 전임하였다. 이때에 논개도 그를 따라 진주로 이주하였다.

그 해 6월에 왜군이 큰 세력을 휘몰아 진주성을 공격해 오자 격전 끝에 최경회는 전사하고 성마저 함락되는 비극이 일어났다. 진주성에 입성한 왜장은 칠월 칠석에 남강의 촉석루에서 승전의 축하연을 열었다.

이때에 논개는 나라에 충절을 다하고 최경회의 원수를 갚기를

(殉國烈士)인 매천(梅泉) 황현(黃玹, 1855~1910) 역시 주논개를 추숭하기 위해 「의기가(義妓歌)」를 지은 바 있는데, 그 가운데 "화려한 왕조 돌아보면 인물이 많다고는 하지만, 기생임에도 천추토록 그 이름은 한결같이 빛나리라."[159]의 구절 또한 심산(心山)이 형상화한 주논개의 구국 정신과 상통하고 있다.

심산의 시에서는 주논개의 거룩한 정신과는 정반대로 살아가고 있는 속물(俗物)들의 작태를 격렬히 비난하고 있다는 점이 특징적이다. 이 시를 통해 심산이 살았던 시대에는 나랏일에 근심하는 사람들과는 대비적으로 탐욕만을 추구하려는 부자들도 적지 않았음을 보여주고 있다. 이 시는 탐욕만 추구하는 속물이 사라질 때에야 비로소 모든 국민들이 주논개의 의로운 기상과 같은 마음으로 하나가 될 수 있는 것임을 일깨운 작품이기도 하다.

사가(史家)들 말에 의하면, 우리나라 기생 중에 한 가지가 특출하여 이름을 남긴 사람들이 많았다. …(중략)… 진양의 논개만큼은 왜놈의 장수가 지나치게 위세를 부리자 거짓으로 순응하는 것처럼 하여 그자의 환심을 사서 같이 춤을 추다가 몸을 허공으로 날리면서 그자를 끌어안고 절벽 아래의 바위에서 추락사하였으니 그 절개와 의로운 뜻이 밝게 빛나 지금도 모골이 송연해지는 것을 금할 수가 없다.

하지만 김만덕이란 여인은 태평 세대에 태어났기 때문에 그의 기개와 의로운 뜻을 펼 데가 없었다. 하지만 김만덕이 표출해 보여

---

159) 黃玹, 「義妓祠 感吟」, 『주논개 추모시선집』, 장수문화원, 2008, 93쪽.

준 정신을 헤아린다면 험난한 삶 속에서도 어디에도 구애됨이 없이 더욱이 분칠한 여인의 따분한 모습을 말끔하게 씻어버렸으니 논개와 처지를 바꾸어 놓아도 그 미덕에는 아무런 손색이 없지 않겠는가. 재산을 풀어 백성들을 구제함이 유웅지가 돈을 흩뿌릴 때와 같았으며, 바다 건너 도성을 마음껏 구경하였으니 소자유의 유람과도 같고, 이어 봉래산으로 들어가니 사령운처럼 명산에 오른 것이다. 천한 일개 기생으로써 세 가지 아름다움을 모두 한 몸에 지녔으니, 이 어찌 옛사람이 숭상한 바 있는 여협(女俠)이 아니겠는가. 위대하도다!160)

이 글에서는 주논개가 의암에 남긴 거룩한 자취로써 숭앙받고 있음을 입증하고 있다. 누구에게나 목숨은 매우 소중한 것이기 때문에 이러한 목숨을 초개와 같이 여길 수 있어야만 대의(大義)를 위해서라면 언제든지 이를 버릴 수 있음은 물론이다. 따라서 자기 목숨을 내놓아 대의를 이룬다는 것은 실행하기가 매우 어려운 일임에는 분명한 것이다. 주논개가 목숨을 바쳐 이룬 대업은 분칠하여 곱게 단장한 여인들의 한계를 뛰어넘는 일일 뿐만 아니라, 탁상공론(卓上空論)만 일삼는 한심한 관료들의 한계까지 뛰어넘는 일이었던 것이다.

주논개와 마찬가지로, 분칠하여 곱게 단장한 여인들 및 탁상공론

---

160) 李勉昇, 『感恩編』卷3, 「萬德傳」. "史氏曰 我國娼妓以一節稱者多矣 …(中略)… 以歌名然皆不出綺羅圈套中何足道哉 獨晉陽論介 當倭酋猖獗之日僞服而得其歡 與之舞翻身抱墜崖死 節義炳煥 至今有凜人毛髮者 如萬德者 生昇平之世 無所施 其氣義 然觀其意 汎濫不局洗却脂粉態色使 與論介易地 則何遽讓其美哉 於戲捐 財진 民劉凝之之散錢也 涉大海遊京師 蘇子由之盡觀也 遂入蓬萊謝靈運之登山也 一賤妓而三美具 豈古所謂女俠耶 偉哉"

(卓上空論)만 일삼는 한심한 관료들의 한계를 뛰어넘었던 인물이 바로 김만덕이다.

위의 글에서는 자신이 애써 모은 재산이지만 굶어죽는 백성을 살리기 위해 이러한 재산을 아까워하지 않고 기부한 사실, 예로부터 사대부들이 즐겨 행해왔던 것과 똑같이 도성 유람길을 체험한 사실, 중국의 명사(名士)들조차 꿈속에서라도 가기를 원하는 금강산에 오른 사실, 이 세 가지를 예로 들어 입증한 점은 곧 그가 여인으로서의 한계를 뛰어넘었기 때문에 명사(名士)의 반열에 서게 되었다는 것이다. 그렇기 때문에 위의 글에서는 그의 위상을 '여협(女俠)'으로 숭앙하였던 것이다. 이로써 김만덕은 여인의 육신을 지니고 살았더라도 그의 정신은 스케일이 매우 큰 대장부의 마음이자 의로운 선비의 마음이었음을 확인할 수 있다.

김만덕의 의로운 정신은 후대의 제주 여인들에게 계승되어 일제강점기 때 강력한 빛을 발휘하게 된다. 대규모로 궐기한 해녀들의 항일운동은 해녀어업조합에 소속된 관원의 횡포와 수탈로 인해 전개된 것이다. 1920년에 중반에 이르러 그 횡포가 더욱 극심하였으며, 1931년에는 지정 경매 가격을 착취하는 부정 사건이 발생하였다. 1931년부터 1932년 1월에 걸쳐 지속된 해녀 항일 운동은 연 인원이 1만 7천명이 참여하였으며, 대소 집회 및 시위 횟수는 연 230여 회에 달하는 대규모 투쟁이었으니, 식민지 수탈 정책에 적극적으로 저항한 항일운동[161]으로 평가되고 있다.

---

161) 박찬식, 「해녀투쟁의 역사적 의의」, 『제주 해녀의 재조명』, 제주특별자치도 해녀박물관, 2011, 45쪽.

1932년 1월 12일에 일어난 세화리 주재소 시위는 제주 해녀 항일 운동의 정점162)에 해당하는 것이었다. 해녀의 항일 운동은 목숨을 바쳐서라도 투쟁하겠다는 폭거적 저항이었기 때문에 이 운동을 실질적으로 이끈 여인들은 옥고163)를 치르게 된다. 이 운동을 이끈 김옥련(하도리 소녀회 회장), 부춘화(하도리 청년회 부녀부장), 부덕량(해녀조합 시위주도)은 하도강습소에서 『농민독본』같은 계몽서적으로 민족교육을 받은 졸업생이었으니, 민족교육의 효과에 힘입은 그들은 이 운동을 단순한 생존권 투쟁이 아닌 항일운동164)의 차원으로 끌어올릴 수 있었다.

아울러 제주 삼도리 부인회나 제주 함덕리 국채보상 기성회에 소속된 여인들은 일제 강점기 시작된 기부문화 캠페인이라 할 수 있는 국채보상운동을 전개하였다. 제주 여성들의 이러한 활동상을 통해 일찍이 김만덕이 몸소 실천하였던 기부 정신이 면면히 계승되고 있음을 확인할 수 있다.

김만덕의 베품과 나눔의 연원은 제주 여성의 전통적 삶 속에서 찾을 수 있는 것이다. 그의 베품 정신은 오랜 세월동안 제주 경제의 중심축을 이루고 있었던 제주 여성의 생활사(生活史) 속에서 형성된 것이라 할 수 있다. 또한 김만덕의 나눔 정신은 무리 지어 바다 속

---

162) 좌혜경, 권미선, 「독도 출가해녀와 해녀 항일」, 『제주 해녀의 재조명』, 제주특별자치도 해녀박물관, 2011, 282쪽.

163) 박용옥, 「제주해녀 항일투쟁과 그 여성사적 의의」, 『제주 해녀의 재조명』, 제주특별자치도 해녀박물관, 2011, 30쪽.

164) 박찬식, 「해녀투쟁의 역사적 의의」, 『제주 해녀의 재조명』, 제주특별자치도 해녀박물관, 2011, 45쪽.

이 비록 머리를 숙이고 기생 노릇을 하였으나 그 자신은 기생으로 처신하지 않았다."166)라고 언급한 바 있다. 어린 시절부터 김만덕은 척당(倜儻; 倜儻不羈 – 인물됨이 뛰어나 남에게 눌려 지내지 않음)하여 장부의 마음이 있었으며 몸가짐과 일처리를 함에 있어 반드시 명분을 가지고 처신하여 제주 관아에 소속된 관리들이 업신여기지 못하였음167)을 밝힌 바 있다. 이를 통해 김만덕은 척당불기(倜儻不羈)하는 마음가짐을 견지하고 있기 때문에 대장부의 기상을 실천할 수 있었던 것으로 파악하였으며, 이러한 실천적 삶은 그의 굳건한 심지에서 나온 것임을 나타내었다.

채제공이 지은 「만덕전(萬德傳)」에는 김만덕의 살아온 행적과 비견할 만한 것을 찾기 위해 온 세상을 통틀어도 그와 비교할만한 남자들의 행적이란 없음을 입증하였는데, 다음의 글이 그러하다. 이를 통해 김만덕이야말로 역사상 한 획을 그은 여인임을 명시하고 있음은 물론이다.

옛날에 진시황과 한무제는 모두 '해외에 삼신산이 있다.'고 하였으며, 또 세상에서 일컬어지는 우리나라의 한라산은 곧 그들이 이른바 영주산이며, 금강산은 곧 그들이 이른바 봉래산이 아닌가. 그대는 이미 제주에서 자라서 한라산에 올라 백록담의 물을 떴으며,

---

166) 蔡濟恭, 『樊巖集』卷55, 「萬德傳」. "萬德者 姓金 耽羅良家女也 幼失母 無所歸 依 托妓女爲生 稍長官府籍萬德妓案 萬德雖屈首妓於役 其自待不以妓也"

167) 『承政院日記』正祖20年 11月 28日條. "時有萬德者 州之婢也 少倜儻有丈夫志 雖賤娼乎遊 持身處事 往往出入意 官于州者 亦未嘗蔑之"

이제 또 금강산을 두루 구경하였으니, 이는 삼신산 가운데 그 둘이 그대에게 점령당하지 않은 것인가. 온 천하의 수많은 남자들 중에서 이런 복을 누린 사람이 있었는가.[168]

정약용(丁若鏞, 1762~1836)은 김만덕이 보여준 기특한 일과 희귀한 일[169]을 논평의 근거로 삼아 서술한 바 있다. 다산 정약용에 의하면, 김만덕은 기적(妓籍)에 실렸던 몸이었으나 과부로 수절한 것, 많은 돈을 기꺼이 내놓은 것, 그리고 바다 위의 섬에 살면서 산을 좋아한 것과 같이 세 가지 기특한 일[170]이 있었다.

또한 김만덕은 여인으로써 겹눈동자를 지닌 것, 낮은 신분으로써 역마를 타도록 명을 받은 것, 기생으로써 승려를 시켜 가마를 메게 한 것, 변방의 섬사람으로써 내전(內殿)의 은혜와 선물을 받은 것과 같이 네 가지 희귀한 일[171]을 이루었다. 이러한 점을 근거로 하여 다산 정약용은 일개 여인인 김만덕이 기특한 일과 희귀한 일을 실천하였음에 매우 대단하고도 특출한 인물[172]임에 틀림없다고 주장하

---

168) 蔡濟恭, 『樊巖集』, 「萬德傳」. "相國日 秦皇漢武 皆稱 海外有三神山 世言 我國之漢拏 卽所謂瀛州 金剛卽所謂蓬萊 若生長耽羅 登漢拏 酌白鹿潭水 今又踏遍金剛 三神之中 其二皆爲若所句攬 天下之億兆男子 有能是者否"

169) 丁若鏞, 『與猶堂全書』卷14, 「題耽羅妓萬德所得搢紳大夫贈別詩卷」. "余論萬德 有三奇四稀"

170) 丁若鏞, 『與猶堂全書』卷14, 「題耽羅妓萬德所得搢紳大夫贈別詩卷」. "妓籍守寡一奇也 高貲樂施二奇也 海居樂山 三奇也"

171) 丁若鏞, 『與猶堂全書』卷14, 「題耽羅妓萬德所得搢紳大夫贈別詩卷」. "女而重瞳子 婢而被驛召 妓而令僧肩輿 絶島而受內殿寵錫 四稀也"

172) 丁若鏞, 『與猶堂全書』卷14, 「題耽羅妓萬德所得搢紳大夫贈別詩卷」. "嗟以一眇小女子 負此三奇四稀 又一大奇也"

였다.173)

이가환(李家煥, 1742~1801)은 김만덕이 과부로 살았음에도 을묘년에 큰 기근이 들었을 당시에 미곡을 사들여 굶주린 사람들을 진휼한 일174)을 높이 평가하고 이에 대한 찬시(讚詩)를 지은 바 있다. 특히 육지로의 출립을 금지하였던 당시에 김만덕은 직접 자기 몸으로 임금 계신 도성을 유람하며 직접 명산을 밟은 유일한 인물이 되었음175)을 밝힌 바 있다. 이는 그가 백성들을 살리는 일에 혼신을 다하였기 때문에 가능한 것이었다.

특히 이가환의 찬시(讚詩)에서, "제주는 아득한 옛날 고을나, 부을나, 양을나때부터 있었으나, 제주의 여인으로는 처음으로 서울 유람하였네. 우레 같이 왔다가 고니처럼 날아가니, 드높은 풍채 오래 머물수록 세상 맑아질 것이네."176)라고 칭양함으로써 제주를 상징하는 유일한 여성으로써 김만덕의 위상을 정립하였다.

박제가(朴齊家, 1750~1815)의 경우, 정조(正祖)가 김만덕에게 전례가

---

173) 丁若鏞, 『與猶堂全書』卷14, 「題耽羅妓萬德所得搢紳大夫贈別詩卷」. "乙卯耽羅妓萬德捐賑之 詢其願 見金剛山也 有聖旨令如願 丙辰秋 耽羅妓萬德 驛至京 越明年春 萬德回自金剛 將還其鄉 左丞相蔡公爲立小傳 敍述頗詳 余不贅 余論萬德 有三奇四稀 妓籍守寡一奇也 高貲樂施二奇也 海居樂山 三奇也 女而重瞳子 婢而被驛召 妓而令僧肩輿 絕島而受內殿寵錫 四稀也 嗟以一眇小女子 負此三奇四稀 又一大奇也"

174) 李家煥, 『錦帶詩文鈔』卷上, 「古詩」, 〈送萬德還耽羅〉. "萬德 耽羅寡婦 乙卯大饑 糴米賑恤 州牧以聞 至尊動色"

175) 李家煥, 『錦帶詩文鈔』卷上, 「古詩」, 〈送萬德還耽羅〉. "身遊上都 足踐名山 今有萬德"

176) 李家煥, 『錦帶詩文鈔』卷上, 「古詩」, 〈送萬德還耽羅〉. "耽羅遠自高夫良 女子今始觀上國 來如雷喧逝鵠舉 長留高風灑寰宇"人生立名有如此 女懷淸臺安足數.

없이 극진히 대우하였으므로 그 명성이 사대부들 사이에서 회자되었던 사실[177]을 강조한 바 있다. 이 또한 제주에 큰 흉년이 들었을 당시에 여인이었음에도 곡식을 나누어주어 백성을 진휼[178]하였던 김만덕의 실천적 삶이 제민(濟民) 정신으로 발휘되었기 때문이었다.

박제가는 찬시[179]를 지어 바다 건너 도성에 온 김만덕의 깊은 뜻은 헤아리고 있으니 이는 곧 협소한 마음으로 세속적인 일에 매달려 살지 않았다는 점이다. 김만덕의 생애는 속인(俗人)들처럼 일희일비(一喜一悲)하며 하루하루를 연명(延命)하는 삶이 아니었음을 보여주기 위한 것이었다. 특히 박제가는 그 당시에 김만덕의 삶이 더욱 부각된 까닭에 대해 논평한 바 있어 주목된다. 즉, 김만덕은 여인이 지닌 따분한 기질을 싹 쓸어 버렸으므로 천년을 두고 그 이름이 남아있을 것이라고 보고, 여자라는 운명에 항거하였으므로 큰 바다 건너 임금을 알현하고 명산을 유람할 수 있었으니 이로써 김만덕처럼 여생을 넉넉하게 품격을 지니며 살았던 것은 생명의 존귀함[180]을 이룩한 것으로 파악하였다.

---

177) 朴齊家, 『貞蕤閣集』 卷4, 「送萬德歸濟州詩 有小序」. "聖人之體下 匹婦之獲所古無與比 萬德由此名動搢紳間" 嗟乎 使萬德男子乎 卽不過假三品服佩万戶印綬而止耳 惡能必傳於世哉 惟其掃蛾眉而活天命 抗脂粉而涉滄溟 朝京闚訪名山 入世出世 綽有風致者 爲可貴耳.

178) 朴齊家, 『貞蕤閣集』 卷4, 「送萬德歸濟州詩 有小序」. "歲乙酉耽羅大饑 女人萬德捐粟賑民"

179) 朴齊家, 『貞蕤閣集』 卷4, 「送萬德歸濟州詩 有小序」. "從知破浪乘風志 不是桑弧蓬矢中"

180) 朴齊家, 『貞蕤閣集』 卷4, 「送萬德歸濟州詩 有小序」. "惟其掃蛾眉而活天命 抗脂粉而涉滄溟 朝京闚訪名山 入世出世 綽有風致者 爲可貴耳"

이재채(李載采)는 김만덕의 전기문을 지은 바 있으니, 이 글을 통해 정조(正祖)가 김만덕을 매우 특별한 사람으로 인식한 까닭에 대해 밝힌 바 있다. 그 이유는 조정에서 배로 곡식을 실어다가 제주의 백성들을 구휼하였지만, 굶어 죽어가는 시체가 이어짐을 목도한 김만덕은 곡식을 풀어서 백성들을 살렸으므로 정조(正祖)가 소원을 들어주려 하였을 당시에 그는 오로지 궁궐에 한번 가서 정조의 용안을 우러러 뵙고 금강산에 들어가 비로봉 정상에 올라 1만 2천 봉우리를 보고 오는 것을 소원[181]했기 때문이었다.

　　김만덕의 가치관은 재물에 대한 탐욕이 없었으므로 정신적인 풍요로움을 추구하는 그의 마음에 정조 역시 감동하였던 것이다. 특히 이재채의 「만덕전(萬德傳)」에는 서울의 소인배가 그에게 재물이 많다는 소문을 듣고 접근하려 했던 일화가 실려 있다. 이때 만덕은 '내 나이가 50이다. 저자는 내 얼굴을 예뻐하는 게 아니라 재물이 탐나 그러는 것이다. 굶주린 사람을 구휼하기에도 부족한데 어느 겨를에 방탕한 놈을 살찌우겠는가.'[182]라고 하였으니, 이를 통해 재물은 가

---

181) 李載采, 『五園集』, 「万德傳」. "州民荐饑 朝家雖船粟就哺 餓殍相枕 万德預居
　　 積數百斛 至是出而賙之 所全活甚多 事聞于朝 命下乇羅守臣 問万德所欲願 万德
　　 對 無所願 願一登天陛 仰覩聖人 因入金剛 登毘盧絶頂 周覽万二千峰而歸 上奇之"
182) 李載采, 『五園集』, 「万德傳」. "萬德 全羅道濟州牧寡女也 州在極南海中 古乇羅
　　 國也 今上甲寅乙卯 歲大侵 州民荐饑 朝家雖船粟就哺 餓殍相枕 万德預居 積數百
　　 斛 至是出而賙之 所全活甚多 事聞于朝 命下乇羅守臣 問万德所欲願 万德對 無所
　　 願 願一登天陛 仰覩聖人 因入金剛 登毘盧絶頂 周覽万二千峰而歸 上奇之 丙辰秋
　　 命乘傳詣闕 待教內醫院 視斗食 翌年丁巳春 給廚傳 遊金剛 凡數易月 還到京師
　　 於是 万德名聞四方矣 已而乞歸 又乘傳還乇羅 初万德入京師 客尹相國小婦所 月
　　 餘 以錢千五百往謝曰 今則定館他所 顧受惠宅上 久矣 敢布鄙誠 小婦笑曰 吾豈食
　　 女望報耶 万德因齎去 後值過 候小婦 小婦從容言曰 聞門下僕使輩謂女旣齎錢入

치 있게 쓰여져야 함을 중시한 김만덕의 경제관을 보여주었다.

조수삼(趙秀三, 1762~1849)은 기생이었던 김만덕이 재물을 축적하였던 것에 대해 겹눈동자를 지닌 것과 연관하여 설명한 바 있다.[183] 겹눈동자는 옛 성현 가운데 드물게 나타나는 현상인데, 겹눈동자를 지닌 김만덕의 마음 또한 성현의 마음과 같다고 파악한 것이기도 하다. 그렇기 때문에 자신이 모은 재산을 백성들의 구휼하는 일에 내놓아 수많은 백성들을 살린 김만덕의 행적은 성현(聖賢)의 거룩한 행적과 다를 바 없다고 본 것이 조수삼의 지론이었던 것이다.

조수삼은 찬시를 지어, "여회청대를 고을나·양을나·부을나의 고을에 짓고, 곡식 쌓은 것이 산처럼 높아 말 고을에 쌓였네. 그대로 하여금 겹눈동자를 내려주신 뜻을 진실로 저버리지 않았으니, 아침에는 궁궐을 우러러보고 저녁에는 금강산으로 가네."[184]라고 한 것은 김만덕의 행적을 압축해 보여주기 위함이었다.

이원조(李源祚, 1792~1871)의 경우, 의기(義妓)인 만덕은 기적(妓籍)에 오르기 전에는 원래 양가(良家)의 자녀[185]였음을 밝힌 바 있으며, 김만덕의 경제관을 명시하고 자기 몸을 잘 다스려 수천 금을 이룰

門 小君固不受 獨不可與吾曹一日虞飮罷也 誰謂万德女義俠 万德謝曰 善用財者
簞食亦能濟餓人命 否則糞土也 錢千餘 又豈特簞食也哉 京師惡少 聞万德財雄 欲
褻狎之 万德曰 吾年五十餘矣 彼非艶我貌也 艶我財也 吾方且顚連之周恤不贍 奚
暇肥蕩子乎 拒絕之"

183) 趙秀三, 『秋齋集』 卷7, 「萬德」. "萬德 濟州妓也 家貲鉅萬 一雙眼重瞳"

184) 趙秀三, 『秋齋集』 卷7, 「萬德」. "懷淸臺築乙邪鄕 積粟山高馬谷量 賦汝重瞳眞
不負 朝瞻玉階暮金剛"

185) 李源祚, 『耽羅誌草本』 卷2, 「義妓萬德」. "義妓萬德 以良家女 托名妓籍"

김만덕에게는 남자 형제가 있었으나, 부모를 여읜 이후에 의탁할 곳을 찾아 뿔뿔이 흩어짐으로써 이산가족의 비극을 겪는다. 양가의 외동딸로써 단란하게 지냈던 생활에서부터 시작된 김만덕의 삶은 기생의 생활을 하면서 겨우 목숨을 부지해야 하는 생활로 바뀌게 된 것에서 고난을 겪었던 그의 마음을 헤아릴 수 있다. 자신이 몸소 간난신고(艱難辛苦)의 고통을 뼈저리게 절감하였기 때문에, 차후에 그가 부유하게 살게 되더라도 항상 불우한 이웃들을 따뜻한 시선으로 바라보고 그들의 아픔을 함께 나누기 위해 적극적으로 구휼(救恤)하였을 것이라고 여겨진다.

사대부들이 김만덕의 전기문을 「만덕전(萬德傳)」이라고 명명(命名)한 연유는 천한 사람은 성을 쓰지 않기 때문에 그러했으니, 김만덕의 신분이 기생이었던 사실에서 기인한 것이었다. 그가 기녀의 집에 의탁한 이후에 다시 관아의 기생으로 뽑혔던 까닭은 자색이 있었으며 기예에 특출했기 때문이었다.

김만덕을 주인공으로 한 다양한 전기문에서는 기생으로서의 그의 활동에 주목하기 보다는 그의 인격에 주목하고 있다는 점이 특징적인데, 대장부의 기상을 지녔다는 점을 내세운 점에서 이를 확인할 수 있다. 이로써, 자질이 빼어난 사람은 비천한 신분 및 혹독한 환경에 있을지라도 하늘로부터 품부(稟賦)한 본바탕은 퇴색되지 않는다는 것을 알 수 있다.

전기류(傳記類)에 나타난 젊은 시절은 기생인 자신의 신분이 삭제됨으로써 원래의 신분을 회복한 것에서 출발하고 있다. 그 당시, 대체로 빼어난 재능으로 이름이 알려진 기녀들은 호의호식(好衣好食)

하며 안정적으로 생활할 수 있었기 때문에 김만덕의 주변 사람들은 그가 기녀 생활을 그만두는 것에 대해 만류하는 이들도 적지 않았다. 그는 풍족한 의식주(衣食住) 생활 자체에 대해 별반 가치를 부여하지 않았던 것이다. 김만덕은 물질적인 풍요로움보다는 정신적인 가치를 중시하였다. 특히, 참다운 사람으로 살아가는 것이 중요하였을 뿐이었다.

기생의 삶은 조선 사회에서 낮은 지위의 인생이었으니, 사대부들의 사교장에 나아가 창으로 흥을 돋우고 시로 수작(酬酌)하며 살았다. 남성들은 이러한 기생으로 자신들의 시녀(侍女)로 인식하여 아르는 곳마다 마음대로 꺾을 수 있는 꽃처럼 생각하였으므로 기생들은 풍류남아들의 정감을 돋우어주는 존재로 알려지기도 하였다. 기생들은 풍류를 즐기는 사대부들의 품격 높은 '해어화(解語花)'로서의 상대가 되어주기 위해 존재하였던 것이다.

그 당시에도 기생은 8천(賤)의 하나로 수모법(隨母法)을 따라 기적(妓籍)에 오르면 대비정속(代婢定屬)을 하기 전에는 임의로 빠져 나올 수 없는 신분이었다. 김만덕은 원래 신분이 양가의 딸이었기 때문에 기생으로 삶을 영위한다는 것은 자신의 길이 아님을 직시하게 되었다. 따라서 김만덕은 결사적으로 자신의 신분 회복을 위해 애쓴 노력이 결실을 맺어 마침내 기적에서 이름을 없앨 수 있었던 것이었다.

이와 같이 그가 기적에서 자신의 이름을 삭제하고 원래의 신분을 회복하려 한 이유는 현재의 위치에서 좀더 상향된 지위로 격상하기 위해서가 아니었고, 부귀한 삶을 누리며 권세를 부리기 위한 것도 육순을 앞둔 그의 인생은 황혼에 해당된다고 할 수 있다. 황혼의 나이에 오히려 자신이 해야 할 사명이 무엇인지를 깨닫고서 이를 묵묵히 실천하는 그의 모습을 통해 인간이 지닌 존엄에 대해 사유할 수 있다.

나라에서 기근에 시달린 백성을 구제하기 전에 백성들은 아사(餓死)의 지경에 이르자, 관아에서도 속수무책이었던 것이다. 그러한 상황에서 김만덕은 애써 모은 재물을 동원하여 굶어죽을 수밖에 없는 백성들을 구제하는 것에 힘썼던 것이다. 제주도 사람들이 남녀노소(男女老少)를 가릴 것 없이 한목소리로 자신들을 살린 사람은 '만덕'이라고 칭송하게 된 것이다. 이로써 김만덕은 착하며 어질고 바른 마음으로 살았을 것이라고 여겨진다.

천금의 재산이더라도 불쌍한 이웃을 살리는 일이라면 아까워하지 않으며 기꺼이 희사하였다는 점에서 그는 '맑은 부'를 실천한 인물이라고 할 수 있다. 이처럼 그가 '맑은 부'를 실천할 수 있었던 까닭은 하늘이 자신에게 내린 사명(使命)이 무엇인지를 깨달았기 때문이라고 여겨진다. 하늘이 그에게 내린 사명이란 바로 어려운 이웃의 목숨을 살리는 일이었던 것이다.

정조(正祖)는 김만덕의 공을 치하하기 위해 제주 관아에 명을 내려 그의 소원을 이 무엇인지 물어서 이를 이룰 수 있도록 하였다. 이에 김만덕은 자신의 소원을 고하는데, 뜻밖에도 그가 원하는 것은 군주가 거처하는 궁궐에 가보는 것과 금강산을 유람하는 것이었다. 그의 소원은 손실(損失)된 재물을 다시 증식(增殖)하는 것과는 아무 상관이 없는 것이라는 점에서 매우 이례적인 것이었다.

그가 추구하는 것은 재물과 같은 물질적인 것이 아니었음을 알 수 있다. 그의 소원이기도 한 금강산 유람과 같은 여행 체험은 대장부의 호연지기를 체득할 수 있는 것이다. 이로써 김만덕이 지향하는 것은 정신문화를 향상시키는 것과 깊은 관련이 있다는 사실을 확인할 수 있다.

그의 소원을 실현하기 위해서는 제주도에 나와 육지로 이동해야 하는데, 그 당시 국법에 의하면 제주도 여성은 섬 밖으로 나갈 수 없게 되어 있었다. 김만덕이 소원이 실현된다는 것은 그동안 섬을 벗어나지 못한 무수한 제주 여성의 숙원(宿願)이 이루어지는 일이기도 한 것이었다. 자신의 소원을 이루기 위해 육지로 나아간 김만덕의 행차는 제주 여성들의 꿈이 내재된 것이기도 하였다.

김만덕의 소원 성취는 제주 여성들의 소원 성취를 대변해주는 것이라고 여겨진다. 이로써 김만덕은 모든 제주 여성의 상징이 될 수 있었다. 임금의 각별한 배려심을 입고 금강산을 유람한 일은 우리나라 역사에 있어서 전례가 없는 일이었음은 분명하다. 김만덕의 금강산 기행은 한(恨) 많았던 제주 여성들뿐만 아니라 억압과 차별을 받아온 우리나라 모든 여성들의 염원이 응축된 쾌거(快擧)이기도 한 것이었다.

상경할 당시에는 어명에 의해 그가 지나가는 고을과 고을의 관아에서 지속적으로 돌보아주었으며, 내의원 의녀 반수로 임명시켜 입궐을 허가하였다. 차후의 금강산 유람길에도 역마가 내려졌을 뿐만 아니라, 각종 편의가 제공되어 1만 2천 봉우리를 두루 유람하고 돌아올 수 있었다.

고하게 하는데 도움이 되었기 때문에 그는 막대한 부를 지녔어도 외면의 화려함을 붙좇지 않을 뿐더러 내면의 가치를 중요시하여 평생 겸손하게 살아갈 수 있었다.

도성과 금강산의 유람을 간절하게 원한 것은 그가 속인들과는 가치관이 매우 다르다는 것을 알 수 있게 해준다. 그는 고양(高揚)된 정신세계를 매우 소중하게 인식하였던 것이다. 따라서 김만덕은 스스로 고양된 정신세계를 충족시키기 위해 도성과 금강산의 유람을 소원하였던 것이다.

김만덕이 스스로 고양된 정신세계를 충족시키려고 애쓴 연유는 바로 그의 자질(資質)에서 비롯된 것이라고 할 수 있으니 뛰어난 인품을 지녔기 때문에 그러한 것이다. 그가 척당불기(倜儻不羈)의 자세를 견지하였기 때문에 대장부의 마음과 다르지 않았음을 밝힌 대목을 통해서도 이러한 사실을 확인할 수 있다. 그렇기 때문에 일처리를 수행함에 있어 명분을 가지고 해결하였으므로 관리들이 업신여기지 못하게 행동하였던 것이다.

공사(公私)간 분별이 확실하였던 김만덕의 업무 능력은 그의 넓고 큰 국량(局量)에 비해 그 범위가 매우 협소하였던 것이다. 항상 작은 섬에 갇혀 있어 그 뛰어남을 펼치지 못함을 한스럽게 여겼음을 예찬한 글을 지어 사대부에 못지않은 그의 국량을 널리 칭송한 바 있다.

구휼을 몸소 실천한 그의 선행은 남들로부터 칭찬을 듣기 위해서 한 것이 아니었으며 상을 받기 위한 것은 더욱더 아니었던 것이다. 자기가 한 일이 수많은 사람들을 살렸음에도 자신은 이러한 일이 그리 대단한 것이 아니라고 여기고 있을 뿐이었다. 또한 그는 인간이면 누구나 할 수 있는 일이기에 당연한 일을 했을 따름임을 보여주었다. 김만덕의 실천적 삶이 빛나는 이유는 바로 이러한 점에서 찾을 수 있다. 위에서 그의 실천은 옳은 일을 행하는 것에 의미가 있을 뿐이며, 자신이 세운 공으로 남들에게 보이기 위함이 아니었던 것이다.

천인(賤人)으로서의 삶을 괴로워하지 않으며 오히려 당당하게 자신의 신분에서 할 수 있는 일이 무엇인지를 찾아 적극적으로 성취하는 여성의 모습을 보여주고 있다. 그렇기 때문에 이러한 김만덕의 자세에 대해 임금 역시 그 사람됨이 단순한 여인의 마음이 아니라, 열협(烈俠)한 대장부가 지닌 마음과 동일한 것이라고 칭예하였던 것이다.

김만덕 스스로 자신의 이름을 널리 떨쳤던 것이 아니었으니 벼슬아치들을 위시한 수많은 선비들이 김만덕에 대한 글을 지음으로써 그 명성이 널리 알려졌다. 제주도에서 김만덕이 행한 선업(善業)은 그 당시의 남자들도 선뜻 실행하기 어려운 것이었으니, 이를 행한 김만덕은 결단력과 추진력이 있었던 것이다. 세상 사람들은 제주에 사는 일개 여인이 베풀었던 선행이라는 점에서 주목하였으며, 더욱이 비천한 신분의 관비에 의해 선업(善業)이 행해졌다는 사실에 매우 놀라는 면도 없지 않았다.

그러나 자선을 베푼 김만덕의 실천적 삶으로 미루어 볼 때, 고결한 행동은 높은 신분을 가진 사람만이 행하는 것이 아니었다. 높은 신분을 가진 사람들은 물질적인 풍요로움을 누릴 수는 있어도 그들이 정신적인 풍요로움까지 겸비한 경우는 흔치 않다고 사료된다.

구휼하지 않았다면 제주라는 변방 지역 백성들의 목숨을 살릴 수 없는 것이었다. 정조는 나눔의 정신을 몸소 실천한 김만덕의 구휼 정신에 크게 감동을 받았으리라 사료된다. 정조가 "만덕은 비록 천한 신분이기는 하나, 의로운 기상은 옛날의 열협(烈俠)에 비해 부끄러움이 없다."고 한 것도 이와 무관하지 않은 것이다.

정조(正祖)가 김만덕에게 내의원 의녀들 가운데 으뜸 의녀의 지위를 부여한 것은 그에게 입궐할 수 있는 길을 열어 준 것이기도 할 뿐만 아니라, 위정자의 힘이 직접적으로 미치지 못한 변방 백성들의 목숨을 구제한 그의 선행(善行)에 대한 보답(報答)이기도 한 것이었다. 또한 궁궐의 비빈(妃嬪)들을 위시하여 내명부(內命婦)의 여성들도 김만덕의 이러한 공적을 치하하기 위해 수많은 선물을 하사하였으니, 이는 그가 여성임에도 진정한 대장부들만이 품을 수 있을 의로운 기상을 펼쳐 백성들을 구휼한 것에 매우 감동을 받았기 때문이었다.

김만덕은 꿈속에 그리워하던 금강산 유람을 마음껏 체험하였음을 알 수 있다. 그가 가장 먼저 등림(登臨)한 장소는 금강산의 빼어난 명승지 가운데 만폭동(萬瀑洞)이었으니, 이 지역은 폭포와 연못, 기암괴석(奇巖怪石), 그리고 숲이 어우러져 있어 산수(山水)가 매우 아름다운 풍광으로 널리 알려진 장소이다.

예로부터 금강산에는 유점사를 비롯하여 수많은 사찰이 자리하고 있었는데, 58세 때 금강산에 오른 그가 난생 처음으로 금불(金佛)을 비롯한 금강산의 불교문화를 확인하였으며 사찰에서 이루어지는 불공의 체험을 하기도 한다.

총석정은 바다 위에 빽빽히 솟아 있는 돌기둥(叢石) 위에 세운 정자이다. 이곳의 돌기둥 가운데 바다 가운데 있는 사석주(四石柱)가 바로 사선봉(四仙峰)이며, 신라 때 술랑(述郎)·영랑(永郎)·안상랑(安詳郎)·남랑(南郎)의 선도(仙徒)가 유람한 것에서 명칭의 유래를 둔 것이다. 이곳의 절경은 특히 선경(仙景)으로 손꼽혔으므로, 고려시대의 김극기(金克己)·안축(安軸) 뿐만 아니라, 조선시대의 성현(成俔)·이달(李達)·김창업(金昌業)과 같은 시인묵객들이 시문(詩文)과 그림을 남길 정도로 그 풍광이 빼어난 곳이다. 김만덕의 금강산 유람은 산과 계곡 그리고 바다의 풍광을 총망라한 산수(山水) 체험이었음을 알 수 있다.

궁궐의 내명부에 속한 여성 및 조정(朝廷)의 공경대부(公卿大夫)들, 그리고 도성(都城)의 사대부들이 그와 만나는 것을 바랄만큼 김만덕은 온 세상에 널리 그 이름이 알려졌는데, 그는 귀향하기 위해 하직 인사를 고하게 되니, 자신이 지나온 세월을 회억하며 만감이 교차되어 눈물을 흘리고 있다.

그의 눈물을 본 채제공은 마지막 인사를 나누며 그에게 격려의 말로 위로하고 있다. 중국 사람들도 매우 좋아하는 삼신산(三神山) 가운데 두 곳에 해당하는 영주산과 봉래산을 이미 오른 김만덕이야 말로 범상한 남성들이 평생 이루지 못할 일들을 2가지나 성취한 주인공임을 입증하였다. 그가 건넨 위로의 말 속에는 보통의 남성들도 실천하기가 쉽지 않은 의로운 기상을 나눔의 정신으로 실천한 여성의 표상이 바로 김만덕이라는 사실을 넌지시 암시되어 있다.

의로운 기상으로 백성들을 살린 바 있는 김만덕의 제민 정신은 이러한 동양 정신에 내재된 인문학적 가치와도 일맥상통하고 있다. 근검절약함으로써 자신의 부를 지킨 김만덕의 삶에서 상도(商道) 혹은 자기 경영의 이치를 확인할 수 있다. 이는 일찍이 사마천(司馬遷)이 『사기(史記)』를 지어 후세의 사람들에게 일깨움을 준 내용과도 다르지 않다.

어려운 사람들의 고통을 자기의 것처럼 동정한 김만덕의 마음은 자신의 재산으로 그들을 도와주고야 마는 선(善)한 의지로 가득 차 있었으므로 사마천이 언급한 부자의 정체성을 확보한 인물이었다. 사마천은 부자로 사는 것이 중요한 것이 아니라, 도덕성을 갖춘 사람으로 살아가는 것이 중요함을 보여주었다.

사마천은 부자가 도덕 정신을 갖고 살아간다는 것은 금상첨화와 같은 삶임을 일깨우고 있다. 사마천이 제시한 사례와 똑같은 모습으로 진정한 부자의 도덕 정신을 갖춘 인물이 바로 김만덕이라 할 수 있다. 김만덕이 존경받는 부자의 삶을 영위할 수 있었던 까닭은 바로 여기에서 비롯된 것이라 할 수 있다.

가난한 집안 형편, 노쇠한 부모, 연약한 처자식, 제사를 지낼 수 없는 빈곤함, 남의 도움 없이는 유지하기 어려운 삶을 살고 있는 처지임에도 자기 인생에 부끄러움이 없다거나 거친 음식과 간소한 복장으로 살아감을 불만족하게 여기는 사람에 대해서는 논할 가치가 없다고 한 것은 성실하게 자신의 삶을 꾸려 나아가는 것이 가치 있는 인생임을 보이기 위함이었다.

사마천은 자신의 삶을 꾸려 나아가는 최선책을 제시하고 있으니, 몸을 위태롭게 하지 않으면서 돈을 벌어야 함이 그것이다. 자기 분수에 맞지 않는 일을 할 경우에 자기 몸이 위태로움은 자명한 이치이다. 사마천은 자신의 삶을 꾸려 나아가는 최하의 방법이 곧 간악한 수단을 동원하여 재물을 모으는 것이라고 하였다. 사마천의 재물에 대한 사유에는 항상 도덕 정신이 자리해 있음을 알 수 있다.

중요한 것은 사마천은 빈천한 위치에 처한 사람이 말로만 인의(仁義)를 떠든다는 것을 비판하고 있다는 점인데, 그가 이런 주장을 내세운 데는 이유가 있다. 그것은 진실로 인의(仁義)를 실천한 사람들이라면 반드시 풍족하게 살 수 있는 사회야말로 바로 사마천이 지향하는 이상 사회였기 때문이다. 말로써 인의(仁義)를 주장하기만 하면 아무 소용이 없는 것이었다.

사마천은 겸손한 자세로 인의를 묵묵히 실천하는 사람을 소중하게 여겼던 것이다. 김만덕의 '청부(淸富)', 즉 맑은 부의 실천이 곧 이러한 예에 해당하는 것이다. 그가 항상 절약하며 검소하게 살았을 뿐만 아니라, 도덕성을 중시하였으니, 김만덕 역시 진정한 부자이며 하늘이 낸 부자였음을 알 수 있다.

김만덕은 속인(俗人)들이 생각하는 그러한 '의협'이 아니었다. 따라서 그는 재물을 잘 쓰는 사람은 밥 한 그릇으로도 굶주린 사람의 인명을 구할 수가 있으나, 그렇지 않으면 썩은 흙과 같다고 말하고서 더욱이 돈 천 냥을 밥 한 그릇에 비할 수가 있겠느냐고 반문하였던 것이다. 주지하다시피 김만덕을 '의협'이라고 일컫는 까닭은 그가 늘 이러한 생각을 견지하고 있어서, 굶주림에 지쳐서 가장 목숨이 위태로운 백성들에게 곡식을 나누어 주어 그들의 목숨을 살렸기 때문이었다.

속인들 가운데는 이러한 김만덕의 깊은 사유를 알지 못하는 사람들이 더 많았으니, 소인배가 재물 많다는 여인의 소문을 듣고 접근하려 했다는 일에서 그러한 사실을 확인할 수 있다. 만덕은 이러한 소인배들을 향해 조소(嘲笑)한 바 있으니, "내 나이가 50이다. 저자들은 내 얼굴을 어여쁘게 여기는 것이 아니라 내 재물이 탐나서 그러는 것이다. 굶주린 사람들을 구휼하기에도 부족한데 어느 겨를에 방탕한 놈을 살찌우겠는가."라고 한 것이 바로 그것이다.

사마천은 부자가 될 수 있는 방법에도 '정도(正道)'가 있으니, 이를 실천함으로써 진정한 부자가 될 것을 일깨우고 있다. 그가 말하는 '정도'란 근검절약하고 부지런히 일하는 것이었다. 이렇게 하여 부자가 된 사람은 자기의 신분에 상관없이 항상 자존감(自存感)을 지닐 수 있으며 도덕심(道德心)을 견지할 수 있다고 여겨진다.

사마천은 재능이 있는 사람에게는 재물이 모인다고 말했으니, 이는 자신의 능력을 실천에 옮기는 성실함을 전제로 한 것이다. 또한 그가 못난 사람에게는 재물도 기왓장 흩어지듯이 사라져버린다고 말한 것은 도덕적인 인격을 갖추지 못한 옹졸한 부자가 되어서는 안 된다는 것을 일깨우기 위함이다. 김만덕은 사마천이 강조한 이 두 가지, 즉 자신의 능력을 실천에 옮기는 성실함뿐만 아니라, 도덕적인 인격을 갖춘 올곧은 부자였던 것이다.

김만덕이 막대한 부를 축적하게 된 연유가 잘 나타나 있다. 상선(商船)의 효용에 대해 익히 알았던 그가 다른 지역의 쌀과 양곡을 구입하여 자신의 점포에 두고 이를 판매할 때 거두어들인 삿갓과 말갈기와 같은 제주 특산물로 교역을 했기 때문에 재물이 풍족할 수 있었다. 그런데 김만덕은 그 풍족한 재물을 자신의 욕구를 충족시키는 데에 소비하지 않았다. 이는 그가 항상 다른 사람들의 형편을 헤아리며 자선의 마음을 견지하며 살았기 때문이다.

큰 흉년이 들었을 당시에, 그는 자기 주변에서 가난한 이웃이 굶어죽는 사태가 발생할 무렵, "재물이란 몸 밖의 물건이니 벌 때와 쓸 때를 알아야 하거늘 내 어찌 돈밖에 모르는 수전노가 되어 내 눈 앞에서 굶어죽는 사람들을 보고 구제하지 않겠는가."라고 다짐하며 자신의 재산을 내놓아 기근으로 고통당하는 백성들을 살릴 수 있었다. 나와 남을 구분하지 않으며 똑같은 동포이기에 모두 소중한 목숨임을 인식하는 김만덕의 사유에는 사람의 생명을 소중히 여기고 그들을 평등하게 대하는 마음이 내재되어 있다고 하겠다. 사람을 항상 소중한 존재로 인식하는 그의 내면에는 인문학적 가치가 자리하고 있음을 알 수 있다.

그의 구휼은 사람을 살리고자 하는 간절한 마음에서 행한 일이었기 때문에, 끝내 그는 이 일에 관해서 그 어떤 물질적 보상을 바라지 않았던 것이다. 따라서 그는 다만 자기가 천인이며, 바다의 섬에 태어나 도성의 궁궐이 얼마나 큰 지, 도성 안의 사람들이 어떻게 지내는지 못 보았으므로 도성에 가기를 원하였던 것이다. 또한 신선이 산다고 여겨서 중국 사람들도 유람하는 것을 원한다고 하는 금강산에 가는 것을 원하였던 것이다. 다시 말하면 그는 상경하여 유람하며 천하의 명승지를 밟는 것이 숙원(宿願)이었던 것이다.

이 두 가지 소원 가운데 첫 번째 소원인 도성의 궁궐에 입시하기 위해서 그는 내의원 행수 의녀 혹은 의녀반수(醫女班首)의 지위를 받고 사료된다. 이로써 약봉의 어머니를 통해 선각의 여성상을 발견할 수 있다. 그의 생각은 적중하여 약봉은 나라를 위해 혼신을 다한 인재로 살았으며, 학문 역시 율곡의 가르침을 계승함으로써 선비정신을 확립할 수 있었다. 약봉 서성의 어머니는 5세 때 시력을 잃은 맹인이었음에도 과부로 살며 자신의 처지를 비관하지 않은 채 나라를 위해 할 수 있는 일은 자식을 국가를 잘 지탱할 수 있는 기둥으로 기르는 것이라고 자각함으로써 이를 위해 혼신을 다한 인물이었다.

휘세 홍서봉의 어머니는 나와 남 모두 똑같이 소중한 존재임을 자각하였으므로 남들이 상한 고기로 인해 재앙이 미치지 않기를 바라는 마음으로 공동선을 실천한 인물이었다. 김만덕의 경우, 기생의 화려한 삶에 의미를 두지 않고서 오로지 사람다운 삶을 살아야 함을 자각할 수 있었기 때문에 거상(巨商)으로 성공할 수 있었다. 이러한 그의 자각은 깨달은 자의 남다른 인품에서 비롯된 것이라 할 수 있다.

예로부터 한국 여성들이 가장 소중하게 인식한 것 가운데 정절 의식이 핵심이다. 백제 시대 도미의 부인은 개루왕의 권세에 아랑곳하지 않은 채 불굴의 정신으로 자신의 정절을 지킨 여인으로 알려져 있다. 오륜의 근본인 부부의 도리를 일깨워줌으로써 불의에 타협하지 않으며 살았던 강인한 여성이기도 하다.

정절 의식은 기생이나 사대부가(士大夫家)의 규수 공히 소중한 것임을 보여주고 있는 작품이 바로 고려 시대의 동인홍(動人紅)이 지은 〈스스로 읊다(自敍)〉 시인데, 정절은 목숨과도 같은 것이기에 이를 잘 간직하고 사는 인생에 의미가 있음을 나타내었다. 우리나라에서 정절은 기생이나 사대부가의 규수뿐만 아니라, 평민 여성들도 소중히 간직한 정신이었다.

제주의 여성 가운데 의열(義烈) 정신으로 세상에 그 명성이 알려진 인물로 김천덕을 들 수 있으니, 그는 목숨까지 잃으면서 의열 정신을 구현한 제주 여성이었다. 홍윤애는 남편이 정적의 모함으로 죽을 위기에 처하였을 때, 그를 대신하여 모진 고문을 받았는데, 이로 인해 결국 목숨을 잃었다. 홍윤애의 의열 정신은 후세에 걸쳐 고결함의 상징으로 자리하고 있는 것이다.

도미의 부인, 선산 지역 평민의 부인, 제주의 김천덕과 홍윤애의 삶에서 읽을 수 있는 의열(義烈) 정신은 고금을 초월하여 감동을 주기 때문에 도덕 정신의 상징이자 교화를 주는 인물로 자리할 수 있었다. 김만덕의 경우, 기생의 삶에서 벗어난 이후 막대한 부를 축적하였음에도 몸가짐을 바르게 하고 홀로 살며 의로운 일을 실천하였다. 이로써 김만덕의 여성상은 바른 마음과 바른 몸가짐은 둘이 아님을 실천한 인물이란 점이 특징적이다. 이로써 김만덕의 내면에 지리한 정절 의식을 확인할 수 있을 뿐만 아니라, 고양된 격조까지도 확인할 수 있는 것이다. 이러한 삶의 정신은 설죽의 마음과 허난설헌의 마음과도 상통하고 있다.

설죽은 탁월한 시인적 자질을 발휘하였기 때문에 노비의 신분에서 면천된 인물이 되었다. 중요한 것은 노비의 신분에서 면천된 이후 속박된 환경을 벗어난 그가 일생동안 자존 의식을 견지하고 살았다는 점에 있다. 그렇기 때문에 그의 한시에는 겸허하면서도 결백한 시정신이 내재되어 있는 것이다.

두 실행하기가 매우 어려운 것이었으나, 그는 누란지위(累卵之危)에서 나라를 구한 대장부의 마음과 똑같은 의로운 기상으로 자신의 생각을 실천에 옮겼다.

채제공은 김만덕이야말로 척당불기(倜儻不羈)하는 마음가짐을 견지하고 있기 때문에 대장부의 기상을 실천할 수 있었던 것으로 파악하였으며, 이러한 실천적 삶은 그의 굳건한 심지에서 나온 것임을 나타내었다. 채제공이 지은「만덕전(萬德傳)」에는 김만덕의 살아온 행적과 비견할 만한 것을 찾기 위해 온 세상을 통틀어도 그와 비교할만한 남자들의 행적이란 없음을 입증하였으며, 역사상 한 획을 그은 여인임을 명시하였다. 다산 정약용은 일개 여인이었던 김만덕이 기특한 일과 희귀한 일을 실천하였음에 매우 대단하고도 특출한 인물이라고 주장하였다.

이가환은 김만덕이 과부로 살았음에도 을묘년에 큰 기근이 들었을 당시에 미곡을 사들여 굶주린 사람들을 진휼한 일을 높이 평가하고 이에 대한 찬시(讚詩)를 지음으로써, 제주를 상징하는 유일한 여성으로써 김만덕의 위상을 정립하였다.

박제가의 경우, 정조(正祖)는 김만덕에게 전례가 없이 극진히 대우하였으므로 그 명성이 사대부들 사이에서 회자되었던 사실을 강조한 바, 이러한 사실은 김만덕의 실천적 삶이 제민(濟民) 정신으로 발휘되었기 때문이다.

박제가는 찬시를 지어 여인이 지닌 따분한 기질을 싹 쓸어 버렸으며, 여자라는 운명에 항거하였으므로 큰 바다 건너 임금을 알현하고 명산을 유람할 수 있었다고 설파하였다. 이로써 김만덕처럼 죽는 날까지 넉넉하게 품격을 지니며 사는 것은 생명의 존귀함을 이룩한 것으로 파악하였다.

이재채는 김만덕의 전기문을 지은 바 있으니, 이 글을 통해 정조가 김만덕을 매우 특별한 사람으로 인식한 까닭에 대해 밝힌 바 있다. 김만덕의 가치관은 재물에 대한 탐욕이 없었으므로 정신적인 풍요로움을 추구하는 그의 마음에 정조 역시 감동하였다. 이재채의 「만덕전(萬德傳)」에는 재물은 가치 있게 쓰여져야 함을 중시한 김만덕의 경제관을 칭송하고 있다.

조수삼은 기생이었던 김만덕이 자신이 모은 재산을 백성들의 구휼하는 일에 내놓아 수많은 백성들을 살린 김만덕의 행적은 성현의 거룩한 행적과 다를 바 없다고 파악하였다. 이원조의 경우, 의기(義妓)인 만덕은 원래 양가(良家)의 자녀였다는 점과, 자기 몸을 잘 다스려 수천 금을 이룬 점을 강조함으로써 김만덕의 경제관을 조명하였다.

유재건은 김만덕이 기생의 삶에 안주하지 않았기 때문에 머리를 숙이고 기생 노릇을 하였으나 기생으로 처신하지 않았을 뿐만 아니라, 20세에 이르러 원래 신분으로의 복권을 관아에 하소연한 일을 계기로 다시 양민이 되었음을 보여주었다. 이로써 김만덕은 자신의 운명을 잘 개척해 나간 적극적인 여성의 이미지를 지닌 바, 이는 현대 여성이 지향하는 적극적인 자아 성취와도 상통하고 있다.

유재건은 김만덕이 재화를 늘리는 데에 재능이 있어 물가의 높고 낮음을 잘 예측한 것에 주목하고 이러한 점이 부자의 명성을 떨친 기반으로 작용한 것으로 김만덕의 경제관을 이해하였으니, 경제에 대한 김만덕의 생각은 오늘날 건전한 방식으로 부를 축적하는 자세

이창훈, 「김만덕의 스토리텔링의 양상과 과제」, 『김만덕 자료총서Ⅲ』, 도서출판 아트21, 2013.

정옥자, 『조선후기 역사의 이해』, 일지사, 1993.

_____, 『오늘이 역사다』, 현암사, 2004.

정창권, 「고전의 현대적 수용-김만덕 콘텐츠 개발과 활성화 사례를 중심으로」, 『김만덕 자료총서Ⅲ』, 도서출판 아트21, 2013.

_____, 「김만덕 콘텐츠 개발과 제주 경제의 활성화 방안」, 『김만덕 자료총서Ⅰ』, 도서출판 각, 2007.

_____, 『거상 김만덕, 꽃으로 피기보다 새가 되어 날아가리』, 푸른숲, 2006.

제주도교육연구원, 『마음의 문 열린 꿈』, 시민당인쇄사, 1997.

조도현, 「〈萬德傳〉에 나타난 여성성의 의미 탐색」, 『김만덕 자료총서Ⅲ』, 도서출판 아트21, 2013.

좌혜경·권미선, 「독도 출가해녀와 해녀 항일」, 『제주 해녀의 재조명』, 제주특별자치도 해녀박물관, 2011.

진관훈, 「18·9세기 제주 사회의 진휼과 김만덕의 사회적 공헌」, 『김만덕 자료총서Ⅰ』, 도서출판 각, 2007.

한승철, 「제주 여성 유통물류인으로서의 김만덕의 성공요인 탐구」, 『제주발전연구』 제18호, 제주발전연구원, 2014.

현길언, 『섬의 여인, 김만덕 - 꿈은 누가 꾸는가』, 물레, 2012.

현승환, 「실존인물 김만덕의 문학화 과정」, 『김만덕 자료총서Ⅰ』, 도서출판 각, 2007.

홍순만, 「열녀(烈女) 홍윤애 전(傳)」, 『濟州女人像』, 제주문화원, 1998.

황재군, 『한국 고전 여류시 연구』, 집문당, 1985.

黃 玹, 「義妓祠 感吟」, 『주논개 추모시선집』, 장수문화원, 2008.

연보

1739년(영조15)

❀ 제주도 동복마을(현재 제주특별자치도 제주시 구좌읍 동복리)에서 관향
(貫鄕)이 김해인 아버지 김응렬(金應悅) 공(公)과 어머니 제주 고씨
부인 슬하에 3남매 중 외딸로 출생함.

1750년(영조26, 12세)

❀ 아버지와 어머니를 여읨(현재 제주특별자치도 제주시 태성로 사라봉 오
거리 부근에 자리한 〈김만덕 무덤터 표지석〉에는 전염병 때문에 일시에 부
모를 잃게 되었다고 적혀 있음).

❀ 갈 곳이 없는 처지에서 우연히 기녀에게 몸을 의탁하게 됨.

❀ 기녀의 집에 거처하다가 결국 기적(妓籍)에 오르게 되어 기생의
신분으로 살아감.

1759년(영조30, 20세)

❀ 행수 기생이 된 시기로 추정함.

❀ 그 당시의 기생들은 대체로 호의호식(好衣好食)할 수 있었음에도
김만덕은 이러한 물질적인 안락함을 누리는 것에 별반 의미를 두

❀ 벼슬아치들은 앞다투어 김만덕의 전기문을 썼고, 김만덕을 예찬한 한시도 지었음.

❀ 전기문을 지어 선사해준 번암(樊巖) 채제공(蔡濟恭)으로부터 환대를 받으며 김만덕은 귀향길에 오르고 드디어 제주도에 도착하게 됨.

❀ 선덕(善德)을 베풀면서 노후를 보내어 세상 사람들의 존경을 받음 (아버지는 嘉義大夫 벼슬이 追贈되었으며, 구휼 사업을 도운 親同氣 金萬碩 은 嘉善大夫 벼슬이 追贈되었음).

1812년(순조12, 74세)

❀ 10월 22일, 운명(殞命)함. 제주성안이 한 눈에 내려다보이는 곳에 묻어달라고 유언하였음.

❀ 11월, ᄀ으니ᄆ루에 안장됨. 유택(幽宅)은 갑좌(甲坐)임.

❀ 11월 21일, 묘비가 세워짐(비석 규모: 가로 47cm, 세로 95cm, 높이 13cm).

1840년(현종6)

❀ 제주도에 유배 온 완당(阮堂) 김정희(金正喜)가 김만덕의 선행(善行)에 감명을 받아 3대손인 김종주(金鍾周, 양손자)에게 은광연세 (恩光衍世: 은혜로운 빛이 세상에 널리 퍼진다)라고 쓴 편액을 선사함.

1977년

❀ 1월 3일, 김만덕의 유택(幽宅)을 사라봉 모충사(慕忠祠) 경내로 이 장함.

❀ 운명한 지 165년이 되던 해인데, 그의 유해는 화장되었고 〈의녀 반수 김만덕 의인묘탑〉 아래에 유골을 봉안하였음.

1978년

❀ 7월 14일, 모충사 경내에 돌담집 모양의 〈만덕관(萬德館)〉이 건 립됨.

2007년

❀ 1월 24일, 김만덕 묘비는 제주도 유형문화재로 지정됨.

2015년

❀ 5월 29일, 제주특별자치도 제주시 산지로 9-1번지에 〈김만덕 기 념관〉을 개관하게 됨.

❀ 9월 4일, 제주특별자치도 제주시 임항로 68번지에 김만덕 객주 터를 복원하여 〈김만덕 객주〉를 개관하게 됨.